执戟勇赴者为俊杰

——我的律师执业 20 年

孙俊杰　著

中国海洋大学出版社

· 青岛 ·

图书在版编目（CIP）数据

执戟勇赴者为俊杰：我的律师执业 20 年／孙俊杰著．
青岛：中国海洋大学出版社，2024.9.（2025.7重印）-- ISBN
978-7-5670-3993-3

Ⅰ. D926.5-53

中国国家版本馆 CIP 数据核字第 202437AS37 号

ZHIJI YONGFUZHE WEI JUNJIE

出版发行	中国海洋大学出版社	
社　　址	青岛市香港东路 23 号	**邮政编码**　266071
网　　址	http://pub.ouc.edu.cn	
出 版 人	刘文菁	
责任编辑	邓志科　　张瑞丽	
电　　话	0532-85901040	
电子信箱	20634473@qq.com	
印　　制	青岛国彩印刷股份有限公司	
版　　次	2024 年 9 月第 1 版	
印　　次	2025 年 7 月第 2 次印刷	
成品尺寸	150 mm ×218 mm	
印　　张	11	
字　　数	138 千	
印　　数	1 001—2 000	
定　　价	78.00 元	
订购电话	0532-82032573（传真）	

发现印装质量问题，请致电 0532-58700166，由印刷厂负责调换。

这是我从一位法学生到一线城市品牌律所管理合伙人的成长之路。

　　法律人，脚下路漫漫，初心不忘，回首时，已是风景动人。

——孙俊杰

序 言

近日,孙俊杰律师邀请我为他的新书作序,我欣然答应。

俊杰于 2009 年春季加盟广信君达,迄今已有 15 个年头。他坚持学习,善于思考,待人真诚,热爱事业,忠于客户,尽心尽责。

2018 年,孙律师当选律所管委会委员,负责纪律风控(维权)事务。这项工作比较容易得罪人,孙律师用心制定工作规则,注重前期培训宣讲。出现状况时,他总是耐心做当事律师的工作,解决了不少矛盾,维护了律师行业和事务所的规章制度,孙律师对事务所贡献良多。

广信君达律师事务所创办于 1993 年,由我与另外三位创始人发起设立,迄今已有 31 年历史。在这三十多年的发展历程中,各位合伙人律师及事务所同事共同努力,事务所先后荣获司法部部级文明律师事务所、全国优秀律师事务所及全国律师行业先进基层党组织等各类荣誉,是目前我国规模最大的三十家律师事务所之一。

俗话说,三人行必有我师。孙律师将执业 20 年的心得体会编篆成书,供各位律师同行和社会人士交流学习借鉴,是一件幸事。

我国法治建设任重道远,法律人有责任不断思索、不断推动其进步,让我们大家共同努力!希望俊杰的这本佳作能让更多读者感受到法律的温度与深度。

广东省政协原常委

广州市律师协会原会长

广信君达律师事务所创始合伙人

2024 年 6 月 28 日

序　言

　　孙俊杰校友是广信君达律师事务所律师,2014 年至 2017 年在我校商学院攻读硕士学位,在校期间从不迟到早退,作业和论文高质量完成,在同学中起到良好带头示范作用,先后担任班长、MBA 联合会主席,毕业后被我校聘任为校外导师。

　　俊杰校友热心公益,情系母校,根据学校安排,发起并筹备了湖南农业大学商学院广州校友会并担任首届会长。筹备期间,俊杰律师团队根据校方提供的联系方式,逐一电话联系在穗校友,之后建微信群、组织活动,可谓劳心劳力,为在穗校友搭建了一个良好的合作交流平台;疫情期间,恰逢《民法典》实施,俊杰回到母校为商学院在校生讲授《民法典》,受到同学们热烈欢迎;因为人缘好、组织协调能力强,学校在广州开展的一些重要活动,俊杰总是积极参与,做力所能及的事情;在我校 120 周年庆活动中,他带头向母校捐助奖学金,以拳拳之心感召身边的其他校友。据了解,在近十年内俊杰先后为高中、本科、研究生母校捐助数十万元人民币,一直很支持教育事业。

俊杰校友是律师界的优秀青年代表，2024 年 7 月，我参访位于广州市中央商务区的地标建筑广州周大福金融中心的广信君达律师事务所，亲眼见到该所生机勃勃的景象，近 20 个专业部门，1 500 多位职员，其中仅合伙人律师就达 180 余名，业务量多年稳居广州市行业前列，是法律服务业的头部企业，为法治广州、和谐广州做出了特殊贡献。这家律所还荣获全国优秀律师事务所、司法部部级文明律师事务所的荣誉称号，足见其在行业内的代表性。

俊杰校友这本专著，是他执业 20 年的回顾之作，可读性强，特别是一些办案随想，能极为容易地将读者带入真实的办案场景，感受律师行业的酸甜苦辣和职业魅力，书中还有俊杰律师对行业发展的一些思考。这些都值得青年律师、法学院毕业生读一读，开拓境界。

听闻俊杰校友今年七月就要去美国访学，相信跨出国门，站在国际视野的角度，他一定会对这份热爱的事业有更多新的思考，祝愿俊杰的律师事业不断攀升新的高峰！

湖南农业大学党委书记

2024 年 7 月 12 日

序 言·

　　一个才上小学的幼子从农村迁至县城，又在县城考取了省会大学，大学毕业后奔赴广州闯荡，这其中凝聚着各种经历和辛酸，凡此种种，并非难以言说。

　　在创业过程中，坚持自己的信念和目标，面对遇到的各种困难和挫折，相信自己的能力和选择，最终克服困难走向成功。此间辛劳，并非不足为外人道也。

　　"双足丈量黄土地，孤身直上白云巅"，他始终富有勇往直前的心境，以自强不息的品质和不断自我完善、持续努力的精神，坚挺地走在通向成功的路上，对未来充满自信，大有"仰天大笑出门去，我辈岂是蓬蒿人"的抱负。浩然之志，并非不能诉诸笔端。

　　作者在自己成长和发展的过程中，在思想和行为上始终传承着优良的家风和光荣传统。其自幼所受良好家庭教育的熏陶，为他的工作和事业提供了助力。从2002年开始参加工作，先后20年的时间，由最初的一名普通律师发展成为广州十佳青年律师之一，并成为广州广信君达律师事务所的合伙人。他的律师团队承

1

担着多项法律业务,20年来共办理各类案件一千多件。在处理案件的过程中,无论是平民百姓还是要职高官,他们都一视同仁,认真对待,始终坚持法律面前人人平等的基本原则。

不忘初心,心系乡土。作者的乡土情怀体现在大事小情上。如他操心劳力推动成立了广东潍坊商会,2021年,作者经过考察了解,发现潍坊籍在粤的各行业企业多达数千家,在粤潍坊乡亲三万余人,其中有多家已打造成为鼎鼎有名的上市公司,成为广州的一大支柱产业。在掌握一些基本情况的基础上,他通过各种渠道,利用多种形式约到几位在粤工作多年的老领导和企业家,就拟成立广东潍坊商会一事与他们深度交流探讨,广泛征求各方意见,最终得到大家的一致认可和高度赞赏。商会的成立为潍粤两地经济发展架起了沟通的桥梁,为招商引资发挥了很大作用。

这是俊杰的首部著作,其中的心路历程和执业感悟令我感触良多,也深知他一路走来的不易。翻阅此书,回顾他的成长历程,看到他的事业发展蒸蒸日上,也让我倍感欣慰。

值此图书出版之际,欣然作序,祝愿他事业更上层楼!

孙俊杰父亲 孙钱林

2024 年 9 月 27 日

目 录 ·

第一章

那时年少

一 | 孔孟之乡——山东潍坊昌邑

"一山一水一圣人",山东是孔孟之乡,这让不少山东人引以为傲,作为山东人的一员,我也不例外。

庚申年九月十一,我出生于山东潍坊昌邑市的一个小村庄。这个坐落在潍河边上的村子靠近渤海,夏日海风轻扬,村民们围坐在一起吃蛤蜊,生活惬意。在世界风筝之都潍坊的怀抱里,家乡的天上时常飞着各式各样的风筝,形成一道亮丽的风景线。

昌邑,建城史已有二千多年,是春秋时期首霸齐国的七十二城之一。"孔融让梨"的故事也发生在这里,孔融曾任北海相。

昌邑市属环渤海经济圈,是沿海对外开放城市之一,被誉为"中国丝绸之乡""华侨之乡"和"中国溴•盐之乡"。千百年来,这片土地上多数老百姓以丝绸与盐业为生,我的高祖父和父亲也在其中。

我出生的村庄叫作申明亭村,这个名字起源于明朝,"申明亭"

原为村庄里一亭子的名字。据文献记载，为便于民众诉讼，快速解决争端，明朝县衙大门西侧均建有明辨是非之所，名曰"申明亭"。凡是民间婚姻、田产地基、斗殴等户婚田土之事需先在申明亭审理，由县衙的刑房典吏大人（法官）及助手攒点（助理）登堂问案，各里里长（调解员）从旁调解，动之以法度，晓之以情理，说服双方让步，以达定纷止争之目的。少数不服者，可击登闻鼓，再由县令升堂审理。话说明朝时期，一年仲春，两家农户的耕牛狭路相逢，互不相让，顶斗在一起，结果一牛死，一牛伤。两家主人为此大吵大闹，不可开交，便来到"申明亭"，请官家公断此案。刑房典吏大人问清原委，当即判道："两牛相斗，一死一伤，死者共食，生者共耕。"围观者拍手称好，双方一听，均觉合情合理，于是争端平息，两户人家来往比以前更加亲密。"申明亭"代表了我国古代基于案件繁简分流设计的最早的速裁程序和人民调解制度。我家与村里申明亭故址相隔不远，我从小便听闻一些与明清时期发生在这里的争议、纠纷以及解决方案有关的故事。现在我成为一名律师，也许是源于孩童时期的耳濡目染吧。

我在这里出生，也在这里成长。从 1980 年到 1989 年，我一直在这个村子里生活。我的童年与农村有密切的联系，我与农业、农村、农民有深厚的感情。

村庄和耕种的田地之间隔着潍河，村民们要种田，就要渡河。潍河边上有一棵大柳树，这棵树至今仍在。那时，柳树上拴了一根绳子，绳子的长度足够拉到河对岸用来摆渡木船，村民们过河干农活的时候，就乘上木船，然后拉着绳子到对岸。河段五六十米长，河水清澈见底，河底有很多鱼虾、贝类。小时候我时常跟着父母去河边的滩涂地上捡蛤蜊，也可以挖到很多蛏子、小螃蟹等海鲜，味道特别鲜美。

一次，我与母亲去干农活，突然下起了冰雹。我弯着腰，鸡蛋大小的冰雹打在我身上，又冰又痛。不一会儿，地上就像下过雪一样，落了白白的一层。母亲见状便把她的外套脱下来，用胳膊撑着外套帮我挡冰雹，生怕冰雹砸伤我。她用身体帮我撑起了一把温暖的"伞"，温暖了我被冰雹打到的身体。那是我第一次看到冰雹，后来每当我看见下冰雹，这一幕就会浮现在我的脑海中。

二 ｜ 我的家

渤海边上有几百个盐场，这些盐场生产海盐和卤水。制作盐时就从近海处打井并抽地下水上来，晒结晶以后就变成盐，这些盐被称为海盐。卤水可用作化工原料。

管理这些盐田的政府部门，叫做盐务局，也称盐业公司。比如，在广东有盐务局和盐业公司，广东盐业公司的主要功能是销售，盐务局则是管理市场销售。在我老家，盐务局的功能还包括管理盐场生产。假若在渤海边上看到一望无垠的盐滩、盐田，那是盐场在产盐了。我的父亲就在当地的盐务局任职。

1989 年，我父亲就职的盐务局从海边的农村搬到了昌邑市。所以九岁的时候，我随着父母离开了申明亭村，开始了城市生活。我很怀念那个村庄，那个曾经的"家"。

"家"是我爷爷帮我们盖的，有四间平房和一个院子，院子里种了三棵梧桐树。小时候我喜欢坐在村子里的独木车上，那是一个木制的、只有一个轮子的手推车。车上拴根绳子，绳子的另一头拴在梧桐树上，就这么让独木车转起来玩。那段无忧无虑的欢快时光，如此短暂，又如此令人怀念！

我家大门前有一个鱼塘，家里的鸭子就被赶到鱼塘里放养。有时候我会帮母亲把鸭子从家里赶到鱼塘里，傍晚它们便会排着队回家。写完作业的我就会坐在门槛上,看着一排小鸭子一摇一摆地回到它们的窝里。我也会帮母亲数数它们是否全部回来了。后来有一只鸭子得病死了,我就像失去了一个小伙伴,伤心了好久。我在家的附近找了一片土地,挖了个穴,把它埋了。

记忆中,鱼塘边上有一圈大柳树,夏天的时候特别美。垂柳依依,一阵风吹来,柳枝随风摇曳,绿油油的柳树倒映在河里,河水好似翡翠一般碧绿。一眼望去,一整片绿映入眼帘,令人心旷神怡。

鱼塘中间还有一口井,这口井也有上百年的历史了。村民们喝水都是从井里面打上来,每天用铁皮桶挑水回家,井水清凉中还带着一丝丝甘甜——那井水的甜味后来再也没能尝到。村民们洗衣服则是用鱼塘里的水。小时候母亲带我外出,进家门前就在鱼塘边洗脚,洗干净后才能回家睡觉。村民们的衣食住行都依赖鱼塘和井,它们是申明亭村的生命之源。

我家的房子是典型的北方四合院,坐北朝南,方方正正。共有四间平房,东边是一间卧室,里面还有土炕。炕是一定要烧火的,炕外连着煮饭的灶台,灶台上有个锅,锅底下生火,烧出来的烟通过炕走到烟筒,炕头连着屋顶的一个烟筒,所以烟就出去了,留下了热量。煮饭的同时炕也热了,冬天的土炕就像电热毯,特别暖和。土炕大多是用木、泥巴、土砖砌成的,散热很慢。煮完饭,炕就热了,直到第二天热都不散,非常保暖。随着生活条件的改善,现在村民大部分都拆炕换床了。

三 | 我的家人

我父亲在盐务局工作,年轻时是办公室秘书,后任办公室主任,山东昌邑盐化集团成立后,任综合处处长、企管处处长(兼),最后在这个岗位上退休,可以说把自己的青春岁月都献给了盐务局。他的退休生活以创作为主,他还考取了国家级质量管理体系管理员。父亲毕业于山东师范大学文秘专业,爱好阅读写作。我们当地有一本专门记载盐业史的"史记",每二十年修订一次,我父亲是这本书的主编。

我的名字——孙俊杰,是我父亲起的。"识时务者为俊杰",这个名字寄予了父亲对我的厚望。父亲性格温和,一般情况不会发火。他在学习上对我要求非常严格,很少让我看电影、玩手机。周末或假期他会带我去图书馆或书店逛一逛,偶尔也购买几本古典书籍或历史人物传奇等书本。

母亲出生于潍坊市安丘市的一个村镇,1970年搬迁至昌邑市。听外公讲,母亲学习很优秀,每年期中或期末考试后都会带几张奖状回家,贴在显眼的墙壁上,亲戚朋友们看到后都赞不绝口。毕业后她被地方教育部门推荐在本村任教,结婚不久就随父亲调到盐务局工作至退休。

母亲对新生事物接受得很快,在同龄的朋友中玩计算机和微信是比较厉害的。1992年的暑假,母亲跟我商量让我去潍坊学习计算机,我当场就同意了。因假期时间有限,为了争取早去早学,我当天就报名,第二天就去了。经过近半个月的基础知识学习,我在班里的最终考试中位居第二名。那时计算机刚兴起,各行各业学习使用计算机是当务之急。我参加的那一期学习班有五十多人,他们来自全省各地的各行各业。若论年龄,我是最小的,因学习期间互相都熟悉了,他们从不叫我小孙或小伙子,都叫我"小博士"。十几年过去了,当年一起学习的几个朋友还添加了我的微信,备注昵称仍叫"小博士"。

中考后,多次看到几个比我高一级的同学骑着自行车、带着点东西在街上走门串户,我好奇地跟在他们后面,发现他们在卖家用洗化用品。我回家对母亲说:"妈,我在街上看到有比我高一级的同学到处卖东西,我也要去。"母亲说:"你先把作业做好,再有时间我带你去图书馆休息,马路上到处是车,不要乱跑,要注意安全。"我说我会注意的。母亲才说:"如果你非要去,可以去你班同学家里的超市拿货。你和他商量一下,如果他和家里人都同意的话,你们可以一起先少拿点洗衣粉,卖掉后再付款,卖不了就退回,挣多少算多少。"征得母亲同意的第二天,我就高兴地找我同学说明此事,他也非常同意,随即去他家超市取出二十包洗衣粉。我们大街小巷忙了不到两个小时,就全卖光了,午饭后我们继续走街串巷。一个假期结束,除正常完成暑假作业,我们还赚了近百元。我把赚的钱拿出来给母亲时,母亲高兴地说:"没想到你这小毛孩子也知道怎么赚钱了。"

我的高祖父孙履封生于 1880 年,刚好比我大一百岁,这是我和高祖父之间不可言喻的缘分。高祖父从事纺织业,在我国东北丹东著名的义泰祥丝绸厂任业务经理。工厂面积一百多亩,厂房二十余间,拥有铁木机 70 台,日本进口铁机 30 台,纩车 250 支,全厂有工人千余名,是东北生产规模最大和设备较先进的丝绸厂之一。高祖父在生活上非常节俭,每月的工资留下生活费后,再拿出一部分帮助困难家庭,剩余的钱全部存到银行,勤俭持家的家风深深地影响着我们并传承至今。

高祖父去世后,葬在了我们村子的东北侧。他的坟墓是用"五合土"来修的,据说"五合土"是选用上好的朽木、仙土、火烧土、水台、耳叶五种植料按配比制作而成,采用当时农村较好的坟墓修缮技术,非常坚固。高祖父的坟墓得以留存,供我们后代祭奠。

曾祖父跟着高祖父在丹东从事纺织业。年纪大了以后,曾祖父想着落叶归根,就回到了村子,在企业里做会计。童年时我有幸跟晚年的曾祖父相处,依稀记着每当春节,家里包水饺,我父母就会派我去给曾祖父和曾祖母送水饺,一只大口碗里装满水饺,再拿一块布盖在上面以保温防尘,我就捧着碗跑过去。有次跑得太快,摔倒了,饺子全洒了,只得一瘸一拐地回家重新装了一碗,又去送了一遍。

到我祖父这里,他就成了一个地道的农民。祖父给我最深的印象就是他对人特别友善和慷慨大方。每次当他知道我要去外祖母家(我家与外祖母家也离得非常近),就会在我出门之前,让我拿点水果等吃食给外祖母和外祖父吃。每次看到祖父,他总是笑眯眯的,眼睛笑成一条线,特别和蔼可亲。

我们家算是一个大家族,人丁兴旺。高祖父育有五六个子女,曾祖父育有五个儿子,我祖父是老大,我祖父有六个孩子,我父亲是老三,我有两个伯父,还有一个四叔和两个姑妈。

我很怀念我们一大家人在农村的生活。放假了,我就跟着一群孩子掏鸟窝、钓鱼,小时候总是期盼着过年,放鞭炮、串门、领红包,农村年味十足。按照风俗,过年要走亲戚,初二要去外祖父家,初三去姑姑家。我很喜欢放鞭炮,每次走亲戚,他们就会给我准备很多鞭炮,这可把我高兴坏了,因此我特别盼望过年走亲戚,可以尽情地放鞭炮,特别开心。

在农村,最常见的是荒郊野岭,还有一望无垠的田地。俗话说"一方水土养一方人",昌邑地处平原,还靠近海边,家乡的地理环境在无形中影响了我的性格:简单、直率、心胸开阔。朋友们基本上都这么评价我,说我是典型的山东人性格。

我的童年与大自然非常亲近。潍河是我们的母亲河,小时候我经常和村里的小孩子们沿着河玩,到处串门,看看哪里有热闹,哪里好玩,乐此不疲。小孩子去的最多的地方当然是"小卖铺",即卖一些基本的生活用品、食物调味料(比如油盐酱醋)、零食、玩具等的小商店,淳朴的大自然风光在我的童年记忆里雕刻了难以忘怀的印记,一直到现在,我对农村也有着深厚的感情。

四 | 我的学习经历

1989 年,因为父亲所在的盐务局机关驻地搬离渤海湾海边,我家也随之搬到了山东潍坊昌邑市的城区。一开始到县城的时候,我还不习惯。搬到城里的前两天都是在饭店里摆宴席吃饭。后来父亲上班之后就回家吃了,我还问父母:"怎么今天不出去吃饭了?"他们就笑了。现在他们还经常拿我这句话开玩笑。当时刚到城里生活的我连续几天到饭店吃饭,天真地以为搬到市区就不用在家做饭,可以每天下馆子了。

那时,正读小学三年级的我从村里转学到市区的学校,一开始考试,我考了班级倒数。村里的教育与城市里的教育确实是有差别的,后来我也努力慢慢赶上来了。

小学毕业后,我就读于人才济济的重点中学昌邑实验中学。我的学习成绩一般,但喜欢学英语,经常帮英语老师批改作业。那时候的我,性格比较内向。

初中三年,一眨眼就过去了,很快就到了中考的最后冲刺阶段。那时中考是按居住地划分所报考的高中。我想报考昌邑市第一中学,如果成绩没有达到学校的录取分数线,需要交三千多块的赞助费才可以读书,我暗下决心,一定要考上这个中学。于是,从初三下学期开始,我就特别努力。冬天特别冷,我就在院子里背书,手冻得发红,嘴里不停地冒白气。即使这样,我也每天不间断地在院子里大声背诵课文。中考还需要考体育,我就在家门口画了一条线,每天练习跳远,确保综合分数能够提高一些。

这是我人生中第一次面临挑战,从普通的成绩到考上理想的高中,我第一次学会了发愤图强,刻苦努力。当然,结果也是好的,我顺利地考上了昌邑市第一中学。我拿到录取通知书时，父亲非常欣慰，还奖励了我一块电子手表，我读高中一直戴着它，至今我仍认为这是一块非常有纪念意义的手表。只可惜，读大学时我坐火车到济南不小心丢了。手表虽然丢了，但是这次挑战教会我的道理却深深印在我的脑海里：人生有许多或大或小的挑战，只要认定方向，努力不懈，终会有所获。

高中生活平淡无奇，我成绩比较普通，也没谈过恋爱，属于中游的学生。高考时我没发挥好，最终只考取了一所法律类专科院校。那是一个难忘的夏天，成绩放榜那天我在客厅打电话查询，听到分数后就哭了。我深受打击，但也只能硬着头皮去读大专。选择法律专业也是父亲的决策，他也爱好法律，曾自学考试法律本科，可惜最终差一门成绩没能考上，所以把希望寄托在我身上，让我报考了这个专业。1998 年，我离开昌邑，到山东省会济南上学，开启了我的大学生涯。那是我人生第一次离开父母，初中与高中都离家很近，从没住校，现在要到另一个陌生的城市开始新的生活，心里五味杂陈。那天，父母来送我，他们转身离开的时候，我望着他们的背影，眼泪打湿了眼眶，后面就不受控制，泪水如同断了线的珍珠，一颗一颗落了下来。

我的十八岁，就这样如同一只展翅的小鸟，离开了自己出生、成长的巢穴，独自面对陌生的天空。

大学时光并没有想象中美好，除了学习法律基本知识，我还当了两年团支书，还有一次见义勇为的经历。当时四叔家在济南，所以周末我一般去四叔家住一天。有次走到经十路，看到一群人正在追赶一个小偷，刚好小偷往我这边跑过来，我就利用高中毕业假期学的散打功夫把他放倒在地，后面追上来的人告诉我：此人偷盗建筑工地的钢筋。两年的学习生涯很快结束了，2000 年，我毕业了。

毕业后，我回到了昌邑市，到司法局的下属部门——"148 法务法律服务中心"工作。我在这里实习,同时备考法律职业资格考试。备考的过程中,我参加了北京的三校名师(北京大学、中国政法大学、中国人民大学)的法考辅导班,这个辅导班我只去了四期,每一期的时间不固定,有的是一个月一期,有的是半个月一期。最后一期,也就是考前一个月的那一期,只有七天。虽然时间不长,但是最后一期的学费最贵。我记得当时需要三千多元,在当时这是一笔不小的数目。因为不确定是否有必要上这个课,也不确定我是否能考得上,母亲当时也在犹豫要不要报这个班,她对我说:"哎呀,俊杰,这么贵的学费,你能不能考得上啊?"她可能是担心花了钱,如果我考不上,那钱就打水漂了。但父亲对这件事很坚定,说一定要读,贵也要读!其实他们的工资也不高,但是舍得在关于我前途的事情上花大价钱,我非常感激,也非常心疼花这笔钱,毕竟这是普通家庭大半年的工资。我暗暗下定决心一定好好学。出发去北京之前,我身上背着行囊、心里带着父母沉甸甸的期望,在父母的目送下走出客厅,踏出家门之前,我非常坚定地对父母说:"我一定会取得律师资格证的!"

到法律辅导班后,我的心情很复杂。因为同班的同学,有的是中国政法大学的研究生,有的是北京外交学院的研究生,全都来自名牌大学。坐在我前后左右的同学都是学霸,只有我,来自山东一家普通专科院校。我上课从来不迟到,在课堂上从来不打瞌睡,我知道我必须拿出一百分的精神才能有机会与他们持平。

那段时间,除了学习上的苦,生活上的苦我也没少吃。我们在北京上课需要住宿,别的同学住两三百一晚的招待所或宾馆,我住在二十块一晚的防空洞。辅导班附近有一个地下隧道,边上有一个防空洞,我当时就住在那里。这个防空洞还差点要了我的命。防空洞有很大的回音,几乎没有隔音效果。只要有人走过来,皮鞋"嘎嘎嘎"的声音很大,影响休息,进而影响第二天上课的状态。

我就把防空洞的门和进气口全堵上了，用胶带贴得严严实实的，睡梦中我早已经缺氧昏睡过去了，万幸我在睡前定了闹钟，闹钟一直响，最终把我震醒了，醒来后我特别难受，头晕到快要呼吸不过来了，我勉强睁开眼睛，赶紧把门打开了，这时氧气进来，我才慢慢清醒了。如果不是闹钟，可能也没人会过来摇醒我，险些丢了命。直到现在我还开玩笑："我当时可是拿命去学习的啊！"

当时除了年轻气盛，更是生活的艰苦激发了我的斗志，其中有我亲身经历的苦，也有我所见所闻的苦。生活百般滋味，唯有感叹大家都不容易。

培训班在北京电影学院门口，上课在北京电影学院的一个教室，有时候学习压力太大，晚上我会出去散步。有天晚上经过学校附近的建筑工地，我看到有工人正在施工。他拿着一个冲击钻正打碎地面，那一幕令我非常震撼。在深夜，工人需要整个身体压在那个电钻上面，费尽全身力气，才能打碎那一小块地面。当时我想：如果我不好好学习，没有文化，就只能像眼前的工人一样靠体力谋生；学习好起码能依靠脑力赚钱，身体上可以轻松一些。我不想被生活逼到无路可走，我想选择理想的生活。我暗下决心，努力备战法考，要成为一名律师。

后来，我如愿通过司法考试，取得了律师资格证书。这场考试给我带来了巨大的影响，有关于此的记忆也伴随我终身。对我来说，这场考试不仅要全力以赴，更是背水一战、孤注一掷，我没有退路。2000年我大专毕业，本应2001年参加司法考试，但这一年的考试取消了，我只能在2002年参加考试。这一年的考生特别多，2001年与2002年的考生都在这一年里同时备考，竞争压力更大了。且当时正值司法考试改革，连考试名称都更改了，由"律师执业资格考试"改成了"中国司法执业资格考试"。它号称中国第一大考，其难度之大可想而知，当年的录取率是7%，这是历年最低的录取率,现在考试的通过率为 18%～20%。回想起来我也觉得很惊奇,这种情况下,我居然考过了,可能是因为我有足够的时间来备考,且没有浪费一分一秒。

2002 年的司法执业资格考试是我国首届面向律师、法官、检察官、法务工作人员"四合一"的考试,也是最后一次允许法律专科报名参加的考试。2003 年之后,必须本科以上学历才可以报名。也就是说,如果我这次考不上,就要先从专科升本科,用三年时间攻读本科学位后才能参加考试。我无疑是幸运的。人生能有几个三年呢?三年后我可能面临自己的人生大事,结婚、生子,也许就不会再专注备考了,也许就与律师这个行业擦肩而过了。假如当时我没有通过考试,或许就回到小县城当一名普通工人了。至今回想,这段经历仍是惊险又难忘。

我确实在备考上下了功夫。当时除了在"148 法律服务中心"实习,我就把自己关在家里备考,每天除了学习还是学习。我甚至学习鲁迅先生,在自己的桌子上刻了一行字:"十年窗下无人问,一朝成名天下知"。

父母在司法考试这件事情上非常支持我,尽可能为我提供好的生活、学习条件,让我不必为生活的琐事担忧。这是强劲的动力,同时也是无形的压力。学习久了,感觉烦闷时,我就回到书房放一些令人兴奋的舞曲。那时候还是用很大的录音机来播放磁带,我把自己关起来听音乐,一曲又一曲,用来舒缓心情。有时候也会跟着有节律的音乐扭动一下,跳跳舞,让自己放松下来。或者晚上约我的小学同学到路边摊,点上小炒,喝啤酒、聊聊天,以此来释放压力。

在 2002 年的 3 月 30 日和 31 日这两天的考试中,命运继续考验着我。考试时间紧张无法午睡,而我如果中午没休息,下午就容易犯困,所以下午考试中我就犯迷糊了。考试安排是两天考四科,由于犯困,下午一科试卷的选择题答题卡全涂错了。万幸的是交卷前十分钟我又核对了一次答案,发现了这个问题。我吓坏了,瞬间就清醒了,于是争分夺秒地更改过来。经历这件事,我真心觉得世上有一个词美丽动人,那就是——有惊无险!

分数公布那天,我通过电话查询分数得知我考过了!我想跟全世界宣告我的喜悦,我的努力终有回报。

我感谢曾经的自己,在最关键的时刻抓住了机遇。其实人生就像下棋,有一两步走错了没关系,后面还是可以通过自己的努力反转,重要的是要有坚韧不拔的毅力、乐观向上的心态和永不服输的志气。人生之路,并非一马平川,我中考考好了,高考考砸了,但是司法考试又考好了。惊奇脱险,跌宕起伏,才彰显人生旅途的魅力。

回顾备战首届司法考试这一年,尽管距离写书的2024年已经过去了二十余年,但往事历历在目、难以忘怀。没有当年的背水一战,也不可能有今天的成绩,正是那一关顺利通关,才赢得了后来进入律师职业的门票。我想与参加法律职业资格考试的考生分享一些经验,尽管现在的考试规则变了、时间变了,但有些方法是通用的,总结起来主要有三点:一是心态,必须有一次通过考试的心理预期,绝不要抱着"考考试试,过不了重来"的心态,2001年参加考前辅导的一位辅导班同学至今没通过考试,她一直是无所谓的心态,所以她从来没拼上全力;二是选北京头部辅导机构,这样的机构有经验和技术优势,对考试成功事半功倍;三是保持极高的专注力,在备考时我是法律专科文凭,之所以能一次通过考试,就是因为在考前一年全身心投入备考,我只有在家复习和去北京参加辅导班两件大事,用当下的话说就是沉浸式学习,所以收获非常大。

回顾我的学习成长经历,我的性格也是不断变化的。小时候我是一个很胆小的人,天黑了都不敢一个人走路。在初中与高中的时候,我非常内向,甚至还遭受过校园欺凌。或许是因为从农村搬到城里,心理上一直没有适应。放学回家的路上,总觉得后面有人跟踪我,有时候回家还得四处张望,先看看后面有没有人才敢进门;有时候我又觉得家里有小偷,会时不时翻翻床底。后来,父亲将我送到体校参加散打培训,苦练了一个多月,通过运动与人交往接触渐渐多了,我也慢慢变得勇敢了,变得阳刚了。体育运动可以给人带来特别大的影响,尤其是对男孩子来说。在济南读书的时候我曾协助抓盗窃工地钢筋的小偷,如果没有参加散打训练带来的勇敢,我是不可能做到的。后来的我在父母的引导及自我鼓励下也越来越勇敢了。

五 | 我的商业行为初体验

关于做生意这件事,我还是挺自豪的。

早在中学时期,我就对参与社会实践感兴趣,刚好一位同学的母亲是当地一家百货公司的老板,我就拜托她批发洗衣粉给我,然后踩着单车在县城兜售洗衣粉,一个暑假赚了几百块,这算是我人生第一次做生意。

我第二次商业经历始于 2000 年在济南的夏天。那年我专科毕业,离校比较晚。同级毕业的同学们都陆陆续续告别了校园,拖着行李回家了,他们在宿舍遗留了很多床上用品和生活用品。这些物品虽然是二手的,但都比较新且实用性强,再利用的价值很大。当时我看到这些东西,感觉可惜的同时,脑海里还闪过学校斜对面的工地。一个商机在我脑海中萌生,工地有很多建筑工人,他们会需要这些物品。我把这些二手物品收集起来,还收购了同学们带不走的其他物品，打包好带到工地，卖给了建筑工人。工人们也很高兴，因为价格比去商店购买便宜得多。有一个工人选中了我从女同学手里收购的布娃娃，开心地说："等休息时，我要带回家送给女儿。"看着工人们的笑脸，又看到这些二手物品"变废为宝"，我也感到非常欣慰。这是我人生第二次做生意的经历，也是印象最深刻的一次"从商"。当时赚了大概两千块，在当时也是一笔不小的数目。我认识到通过商业行为赚来的钱与通过体力劳动赚来的钱是不一样的，商业行为赚钱更多的是靠智慧，同时我也获得了超越赚钱的快乐，或许是因为这次还保护了环境吧。

大学期间，我也尝试过勤工俭学，那个年代的大学生兼职大多数是发广告传单，不像现在的大学生可以做家教。记得我当时兼职计算机培训班发传单，一个小时才几块钱。我派发了好长时间，培训班只给我发了一次钱，记不清是一百元还是两百元了，当时我并没有太重视具体数目，只记得满心惦记给外祖母买什么样的美食为好。外祖母非常疼爱我，有好吃的总是舍不得吃，留着等我去看她的时候悄悄拿出来给我吃，有好玩的也一定会给我收着。被父母批评了，我也会跑到外祖母身后，那里是我的避风港。我从小就与外祖母关系特别好，小时候也总是要闹着和外祖母睡。有时候与父亲闹脾气，我也在外祖母面前说父亲的坏话，外祖母也只是静静听着，笑着看着我不说话。我赚到钱的时候，第一个想到的就是外祖母。

六 ｜ 我的性格

除了受山东地理环境的影响，我的性格更受人文环境的熏陶，这体现在我与亲人们的点点滴滴。

对我性格影响最大的是父母。我家在那个时代称得上是小康家庭，父亲在政府单位工作，母亲在家照顾我，做点缝纫工作。生活水平在小县城里算得上中等偏上吧，起码从小我没有缺衣短食，甚至可以偶尔"下馆子"。父母情绪稳定，印象中父母非常恩爱，没有在我面前大吵大闹过。美满幸福的原生家庭使我形成了自信、乐观、情绪稳定的性格，也使我具备较强的自我调节能力。因为律师这一职业本就需要不停地与"麻烦""纠纷"打交道，成为律师后，我懂得如何消化工作中必须面对的负面事件，及时疏解心理压力。

我从小与外祖母很亲近，因为我读小学时，寒、暑假都住在外祖母家，在幼时性格形成时自然受到了她的影响。我的外祖母和外祖父是地道的农民。他们的日常生活是外祖父在地里耕田，外祖母在家做家务。她生了六个孩子，年纪大了，变得有些驼背，满头白发。但她红润的脸上总是笑眯眯的，很慈祥。外祖父则是刚正不阿的人，"眼里容不得沙子"，看不得任何一点邪恶的事儿，一旦遇到看不惯的事情，他就会仗义执言。外祖父的性格就像我们山东白酒一般刚烈，又像泰山般稳重。我的性格也深受外祖父外祖母影响，这就是所谓"言传身教"吧。

我那当过兵的四叔对我性格的养成也有很大影响。我的四叔曾在部队当工程兵，修桥、修路、修隧道，还立过二等功、三等功。退役以后，四叔凭借在部队学到的技能任职于某爆破公司。在济南上大学期间，我每个周末都会到他家去住一晚，大碗喝酒，大口吃海鲜。我四叔是纯粹的山东爷们儿，大大咧咧，不修边幅，留着很长的山羊胡子，非常讲义气，颇似梁山好汉。

外祖母的乐观、外祖父的刚正不阿、祖父的友善、祖母的热爱生活、四叔的讲义气，不知不觉成为了我性格的一部分。

人生匆匆几十载，回首至此，已是人生二十年风景，我在关键转折处惊险地站稳脚跟,在平缓处欢快奔跑,如今又在安静处悠然自得。二十二岁,我离开家乡山东,南下广州,开启了另一段精彩的人生旅程。人生没有回头路,让我们勇往直前吧!

第二章

志在南方，只身逐梦
（南下阶段）

一 | 南下起始

2000 年大学毕业后，我回到家乡昌邑实习。与同学聊天时了解到，有个初中同学在深圳发展。我从同学那里听说了南方的繁华：珠江上全是豪华游艇，人们在船上载歌载舞，两岸灯光闪烁，热闹无比；广州满街奔驰、宝马，而昌邑随处可见的只有自行车。听了这些描述，我对广州充满了憧憬。那时我设想将来手握律师证去繁华的广州闯荡一番，亲眼见识从未见过的繁荣景象，幻想着坐在香车宝马里，成为大城市的一员。

南下前，我还去济南报了粤语培训班，培训班的名字叫"三木培训"。培训班的同学多数是年龄比我大的女同学。说起来很有趣，这些女同学基本是家庭条件比较好的，学习粤语是为了唱粤语歌，打发时间罢了。整个班里只有我一个二十出头的小伙子，我是去学习生存技能的。我咬着牙，为了更好更快地融入广州而刻苦学习粤语，不至于南下后因为语言不通而吃亏。

二｜"滚吧滚吧"

同学口中繁华而充满希望的广州在我的心里深深扎根，自此我便动了南下的心。我坐在"148法律服务中心"的办公桌前，望着窗外的小县城，不甘心一辈子待在这里，想起在北京的防空洞里我暗暗下定的决心，脑海里浮现父母的殷切期望。我做了一个大胆的决定——我要南下。我骨子里敢闯、不甘平庸的性格在鼓动着我：走，走出去！去广州闯出自己的一片天，而不是走在小县城里，逢人就被叫作"老孙的儿子"。我希望有一天，我能在广州立足，成为"老孙"。

我的决定遭到了全家人的一致反对。当时广州抢劫、传销、刑事案件较多，治安不太好。家人认为广州很乱、很危险，是不能去的。家人出于安全考虑的反对声并未动摇我的南下决心。我与父母作思想斗争，周围的亲戚也一直劝我放弃这个念头。当时没有网络，手机也尚未在小县城普及，地理位置越远越难联系，而坐火车从昌邑到广州要一天时间。他们认为一去便是生死未卜，何况我确实还没有去过那么远的地方。母亲为此偷偷哭泣，带我回外祖母家时，外祖母那边的亲戚也是极力劝说。但我丝毫没有动摇，最终家人还是没有拗过我。2002年4月初，我踏上了南下的旅途，家人送我到火车站。那天，家人脸上没有笑意，我心里五味杂陈，脚步很沉重，踏上车门的那一刻，家人的千言万语化作一句无奈的表态："滚吧，滚吧。"我至今印象深刻。他们心疼我，担心我独自在外受委屈。我心里一阵酸楚，怀着对家人的不舍、愧疚和对未知的憧憬、恐惧，拜别了父母，坚定地踏上了南下广州的火车。

三 | 初到广州

背着沉重的行囊从广州火车站走出来,我终于踏上了朝思暮想的土地,对这个城市的想象变成了眼前的一砖一瓦。恍如置身梦中,一切似乎与想象中不同,但好像也没什么不同。踏下火车的那一刻,我仍然信心满满。彼时年少轻狂,心里想的是"来征服广州",如今回想有点幼稚,也许这就是"初生牛犊不怕虎"吧。

到达广州后,我身上只有 2 800 元。但我很乐观,在广州东站附近找了间一百多元一晚的旅馆先住下了。当时发生了一件很尴尬的事,我着急入住客房,服务员匆匆收拾,清理不够彻底。入住后我拿起暖水瓶倒水喝,居然倒出了一杯尿液,实在是恐怖。2002年,一百多元一晚的旅馆还是不便宜的,我也没想太多,觉得自己是一名大学生,很快便会找到工作,马上就有收入了。按照南下前的计划,2800 元包含驾校报名费。我想多学一些技能总是好的,拥有更多的技能,也更好找工作。于是,我花了 2400 元交了驾校报名费。当时想得比较简单,以为白天一边学车,一边找工作,很快就能上班。交完学费后口袋里只剩不到 300 元了。我在繁华的广州东站,刚到的第一天感觉不到危机,还沉浸在大城市的灯红酒绿中,心里满是兴奋。这里确实与老家不同,马路很宽,路边的商铺琳琅满目,路上人来人往,繁华无比,就连保安都跟老家的不一样,老家是六七十岁老大爷才做保安的,而广州的保安都是职业化的青壮年。

四 | 处处碰壁,无"家"可归

现实给青涩的我上了一课。工作并不好找,来广州的第二天,我去附近的人才招聘市场转了一圈，发现与我想象的不同，基本没有我中意的工作，大部分是招聘售货员或者劳工。我的白领梦似乎要走向破灭。捏了捏口袋里的现金，我只好到路边的报亭买报纸，继续寻找招聘信息。当时，报亭是大众的信息来源，报纸和杂志非常畅销，招聘启事等重要信息会刊登在日报上。当时我看到"好又多超市"在招聘防损员，防损员的职责是在超市着便衣巡视商品是否被顾客损坏，要及时制止顾客恶意损坏货物。坐在报亭外的凳子上，我做了很久的心理斗争，这样的工作不是我来广州的目的。但最终我硬着头皮去应聘，却因广东话不流利而吃了闭门羹。我失落极了：这座城市并没有因为我的大学生身份而在找工作时为我开绿灯。

夜幕降临，我心里充满了恐惧。因为天亮之后我就需要付一百多元的房费，这几乎是我最后的盘缠了。我站在宾馆窗边，看着窗外的繁华景象，完全没有了第一天的兴奋与期待，因为手头的钱越来越少。我不知道一个人如何在这个偌大的城市立足，甚至不知道明天该睡在哪里。在那无助的一晚，想家的情绪爆发。如果我没有来广州，或许此刻我刚吃完母亲做的晚餐，一家人围坐在沙发上其乐融融地看电视；或许此刻我正潇洒地与同学在马路边吃着烧烤，侃着大山，说说笑笑；或许此刻我正坐在外祖母旁边，外祖母拿着美味的食物给我，疼爱地看着我。但此刻，只有我一个人，站在举目无亲的陌生城市，口袋里只剩一百多元。广州东站绚烂的灯光照在我脸上，泪水静静地流下，嘴里咸咸的。我咬了咬牙：我不能认输，既然来了还是要闯一闯，决不能灰溜溜地回去。

第三天醒来，我调整心态继续找工作。广州东站附近有一个花卉市场，白天有招聘会，企业在里面摆摊招聘。招聘会是收门票的，我花了二十元买门票，进去逛了一圈，结果还是没有找到工作。大部分工作要求精通粤语，这对我来说还是有些困难。失望之下，我去了驾校学车。

驾校位于五山，是一个有点像农场的大院子，泥土地上还有一个池塘。练车场地旁是一排集装箱铁皮房，门口有保安，保安就住在铁皮箱里。我望着驾校里保安住的铁皮箱，灵机一动：我是否可以借宿在这里呢？我找到驾校的董事长郑总，请求他给我一个住的地方。郑总看我从一进门起就满脸愁容，知道我是刚从外地来的，学费花去了我绝大部分盘缠，最终他答应了我的住宿请求。当时我已经走投无路，如果还是没有找到住的地方，就只能住在天桥下了。因为这份恩情，我和郑总成为了好朋友，到现在都经常相聚。我跑回宾馆，拿着我提前打包好的行李，在驾校住了下来。驾校一共有三个铁皮箱，保安夫妇住一间，我住一间。这是我在广州安顿下来的一个开端。

五 | 住在铁皮棚子的日子

住在铁皮棚的日子可以说是我人生中最苦的日子，2002 年，从 4 月到 8 月，我在铁皮棚里住了五个月。夏天，棚内气温甚至高于室外气温。南方的夏天，最高温度接近 40 ℃，晴天时阳光直晒，晒得铁皮都烫手。铁皮棚子，只是我临时的"家"，没有门锁，里面仅有一张小铁床，一张饭桌和一个凳子。后来我也只添置了电风扇、电饭煲两种家电。广州的夏天特别长，我的床头总是放一盆水，热得受不了就把毛巾沾湿擦身体降温。实在太热就到棚顶泼水降温，我用脸盆一盆盆往棚顶泼，直到把一间铁皮房顶都浇湿。铁皮棚的前面是一个水塘，里面有很多牛蛙和水草。夜晚，就连牛蛙也热得一直呱呱叫。很多个夜晚我不仅热得睡不着，还被牛蛙吵得难以入睡，蚊虫也很多，无法睡一整夜是常态。有天晚上我睡得正香，一只老鼠跑进来，掉进挂在墙上装食物的塑料袋里，吱吱乱叫的声音吵醒了刚睡着的我。本来我就因为没有找到工作而烦躁，听到老鼠的声音一时生气，愤然起身拿小板凳狠狠地将老鼠拍死了。事后又很后悔杀生，心情无比低落。在老家家庭条件还不错，住着令农村亲戚羡慕的城里洋楼的我，为何会在这里落到这个地步呢？

天亮之后我打起精神，一边在驾校学车，一边打听招聘消息。初来广州的一年里，我每天熟悉广州地图，有时间就去看广州的网站，交广州朋友，尽可能地获取信息。我不断地投简历，一周后终于收到了一家位于沙面的西餐厅的面试通知。我去面试时，老板知道我是大学毕业生，还有律师证，非常乐意雇用我。这份工作是做西餐厅的培训主任，平时负责培训餐厅服务员和上礼仪课。餐厅比较忙的时候也要帮忙端盘子上菜，做些杂活。工资是一个月800元。员工一起吃饭闲谈时，我得知厨师长的月薪是2500元。那段时间我的梦想变成了成为一名厨师长。如果我也成为一名掌勺厨师，拿到2500元的月薪，人生就圆满了。

六 ｜ 为参加招聘会，露宿天桥

在餐厅做了一段时间后，我感觉这份工作不适合我。工作内容只是做培训、端盘子，不过是每天重复劳动罢了。于是，我又继续参加招聘会。后来得知，番禺有人才招聘会。老家的朋友告知我，番禺有一位老乡是他的朋友，我去番禺可以找他。于是我记下了番禺老乡的手机号码，从五山出发。没想到在坐大巴去番禺的路上，我的钱包丢了，记呼机号的纸条也一起丢了。到达番禺，我无法联系上老乡，更不幸的是身无分文晚上无法住宿，更买不起招聘会所需要的门票。夜幕降临，我别无他法，开始找旅馆，跟老板商量可否允许我先住一晚，第二天再联系家人付钱。我去询问的那家旅馆住宿费是40元一晚，我跟老板商量了很久，也没有得到丝毫同情。这使我感到南方虽然经济发达，却没有丝毫人情味可言。我又一次感觉到了大城市的冰冷与残酷。

我只好从旅馆出来，在大北路上来回游荡。慢慢地，整条街上只剩了我一个人，路人都已匆匆回家。我只好露宿街头了。我溜达到了星海公园，不像现在的公园有很多路灯，深夜的公园已经没什么人了，冷冷清清的。我找了把长条椅躺下来，但公园里的蚊子实在太多了，没睡多久就被蚊子咬醒了，长条椅似乎不是我今晚的归宿。困意袭来，我实在没地方去，就拿着路边捡的废报纸，找了处天桥，将报纸铺在地上睡着了。凌晨四五点钟我就被冻醒了。天桥上渐渐有了行人，我就起来在马路上溜达，走到一家卖早餐的大排档，闻着热腾腾的早餐香气，饥饿难耐。从口袋里掏出仅剩的钱，花五毛钱买了一根油条，沾着大排档的茶水吃了。吃完后走到人才市场招聘会现场。招聘会十点开始，我到的时候才六点，空无一人。招聘会入口对面刚好有几张空桌子，我便趴在桌子上睡着了，直到熙熙攘攘的行人把我吵醒，原来是招聘会开始了。我走到人才市场门口，当时口袋里已经没有钱了，但招聘会门票需要20元。我鼓起勇气找到保安请求他放我进去，我告诉他我从山东来，刚到广州不久，来番禺的路上钱包丢了，手里只剩简历和证件。幸运的是保安刚好是山东人，他问我是否真的是山东人，因为当时的广州山东人并不常见。我拿出身份证证明我是山东人，保安看到我真的是山东人，就让我进去了。虽然经常面临坎坷的境地，但我还算比较幸运。我从没想过放弃，可能命运会对执着的人有所奖赏。

我拎着在铁皮棚的小桌子上认认真真准备好的简历，与普通的简历不同，我把简历做成卡片大小，写上自己的姓名、联系方式、住址、技能证书以及我的学习、工作经历，这还是比较独特的。功夫不负有心人，我被两个单位相中，一家是碧桂园，另一家是番禺区旅游局。碧桂园招聘岗位的年龄要求是 30 岁以上，我只有 22 岁，但我还是投了简历。番禺区旅游局的招聘人员看了我的简历，发现我既读过法律又有导游证，属于复合型人才，既可以审查单位合同又可以陪同局里的领导视察，于是也向我抛出了橄榄枝。我最终没有去番禺区旅游局，因为当时交往的女朋友住在水荫路，她认为番禺市是郊区，如果我去上班，她就要和我分手。现在想起来很可惜，我失去了进体制内的机会。

七 | 第一份正式的工作——就职碧桂园

招聘会的结果是，我入职了碧桂园。这也是我的第一份正式工作，工作地点位于佛山市顺德区的碧桂园总部。通过二次面试的考核后，2002 年 9 月，我正式入职碧桂园的法务部门。入职后，我的主要工作是负责业主拖欠款项的催收。2002 年 9 月至 2005 年初，我在碧桂园工作了三年，收获颇丰。

2002 年 7 月份，我收到碧桂园的入职通知书后，回了一趟"老家"。那时的我身高一米八多，体重却只有 120 斤，我认为自己很可怜。当时仍居住在驾校的铁皮棚里，天气越来越热，我的睡眠也被迫越来越少。铁皮棚里的热气，水塘里牛蛙的叫声，无处不在的蚊虫，夺走了我的睡眠。

同年 9 月份，我入职了碧桂园。我拎着装着一床被子的麻袋，也是我全部的行李，就去公司了。碧桂园工作的三年是我人生步入正轨的开始。

碧桂园的工作经历使我变成有专长的人。我在法务部门接触的都是房地产相关的案件,其中最多的是房地产违约案例,主要是处理华南区碧桂园房地产项目的法律事务。当时,做得最多的就是跑番禺法院,抱着厚厚的材料协助法务工作负责人立案。

我在碧桂园完成了第一批职场人脉的积累,机会永远只属于用心准备的人。我清楚地知道自己未来不可能一直做法务,而是要去律所做专职律师,必须得有自己的品牌,有自己的客户才是硬道理,所以我想沉淀,优秀的、经商的碧桂园业主成为自己的第一批潜在客户。在接触业主的过程中,我会主动与一些业主发展成朋友。比如有的业主因为资金周转问题出现轻微违约,我会帮他们争取减免滞纳金,他们往往非常感激我。他们得知我有律师证,也会愿意与我交朋友。岁月是一种很好的沉淀,最早的一批业主朋友与我的友谊都超过了 20 年。除了业主资源,还有碧桂园各部门的精英,都是值得我学习的榜样。包括处理房产案件时,因工作而熟悉的基层法院的房产庭工作人员,都是很好的良师益友。

工作环境给我提供了学习广东话的机会。同事中不仅有本地人,也有较多的外地人,每天部门领导开会时,会先用粤语讲一遍,再用普通话讲一遍。这样的语言环境令我在半年内学会了粤语,起码能听得懂业主的语言,能与业主沟通了。

我在碧桂园锻炼了驾驶技能。我们部门有一辆进口的别克车,部门的年轻人都争着出差跑业务,当时基本没什么开车的机会,只有在单位工作时才有机会开车。我拿到驾照后,出外勤开车成为我的乐趣之一。因此,我的驾驶技术得到了很大提升。

在碧桂园,我参加了很多礼仪、着装、工作技能等方面的正规培训,这是此前我没有机会获取的资源。

碧桂园也解决了我的温饱问题,我住在职工宿舍,不再为住在哪里而发愁;碧桂园有员工食堂,我们是在高级职员餐厅就餐,与房地产公司的设计师及高管同一个食堂。在食堂，我经常遇到碧桂园创始人杨国强先生，他那时用着摩托罗拉998手机，生活上非常节俭朴素，但他在管理上非常严格。有一年碧桂园年会，杨国强先生当众批评高管将海报放在小区门口道路两侧的绿化带中间，那是不显眼的地方。他说："业主开车或走路回家怎么可能会往两边这样不明显的地方看呢。"他的语气非常"凶"，我意识到他是一个非常严格的老板。同时也意识到，杨总是一个善于换位思考的老板，他常从业主的角度思考，进而发现问题，令我印象深刻。年会上，他要求我们学习星河湾的工匠精神——精益求精。星河湾主要做高端的房地产，经常在市中心比较好的位置拿地，价格高一些，质量非常好，对细节的要求很严格。

碧桂园的工作不仅保证了我衣食无忧，也让我学会很多技能。

八 | 扎根广州——我买房了

2003年12月，我工作的第二年，我在番禺买了人生中第一套房子。那时的房价是每平方米2000元，一套房子不到二十万元，车位五六万。在番禺安家之后，我终于在广州有了归属感。买房后，每次从老家返回广州，飞机未落地便生出想回广州的家的急迫感。这个城市终于有了属于我的一盏灯，我心里非常踏实。23岁，我买了属于自己的房子。24岁，我买了我的第一辆车，有了代步工具。买了车，我特别兴奋，甚至买车的第一天，凌晨三四点我开车到马路上遛弯。我摇下车窗，感觉无比自由。我终于实现了初到广州的梦想，坐在属于自己的香车宝马里，在充满霓虹的繁华之地立足了。我的第一辆车第一次被剐蹭的时候，我心疼不已，以至于失眠了一整夜。总之，我南下没有失败，我在广州扎根了。

　　其实，我第一次到广州，从火车站出来的时候，就有了落户的决心。虽然我到广州后吃了很多苦，但我仍努力地找工作，没有跟家里诉苦求援。等一切安顿好之后，才写信给父母，把到达广州后所有的悲惨故事告诉了他们。母亲看后心疼地给我打电话，哽咽着埋怨我当时怎么不告诉他们。我笑着安慰父母，又很平淡地说没什么。母亲回外祖母家，将我的信带了回去，当母亲把信读给外祖母家十几位亲戚听时，亲戚们都不禁落泪，外祖母更是心疼得说不出话。当时我家庭条件也很好，如果打电话向家人求援，家人也会汇款，不至于让我在铁皮棚里住了五个月，也不至于露宿天桥。但是我没有喊苦也没有喊累，而是坚信这些苦难不会将我击倒，我不能认输，我一定会做出一番成绩。我又深觉自己运气不错：读初中时，赶上了"五三制"最后一年，后来改成了"五四制"，我初中比别人少读一年，就早一年毕业了；法考时，又赶上了 2002 年是第一次也是最后一次专科可以参加法考，我也抓住了机会，一次性通过考试；2003 年 11 月我签合同买房，12 月出台了番禺禁止买房入户的政策，可惜当时仅完成了自己的落户，没有把父母的户口迁过来。

　　从 2002 年到 2003 年，我逐步实现了稳定，有了体面的工作，也买了属于自己的房子，交了很多朋友，积累了人脉。梦想也在随着经历而改变，我在不断地追逐着我的梦想，我相信有志者事竟成，下定决心就一定能实现。

第三章

成为孙律师

一 | 初入法律职场，入职碧桂园总部风控部门

通常来讲，律师行业往往有几种不同的方式开启律师之路。其一是先在公检法工作一段时间，积累一定人脉资源后出来做律师；其二是到律师事务所，先从学徒做起，从实习律师再到专职律师、合伙人、高级合伙人，逐步成长起来；其三是先去企业做法务，这也是较多人选择的一种路径。这三种路径各有利弊，我选择了第三条路，也从未后悔，在企业做法务的工作经历，让我在入行之初就有一批忠诚的客户，这一点是法学院毕业生到律所从实习律师做起无法比拟的优势。毕业后到律所工作，服务的是合伙人的客户，而非自己的客户。但是我的发展路径也存在着弊端：第一，接触案件的类型比较狭窄，比如我在碧桂园的四年时间里，接触的基本是房地产诉讼这一类的法律事务，如果在律师事务所实习，就会接触丰富多样的案件类型；第二，无法激活人的潜力，一个企业不可能每天都有很多法律事务，有时法务甚至还要做一些行政类

工作,不能最大化地激活人在法律方面的潜质;第三,在专业化提升上,除非是拥有完善律师体系的大型国企,否则一般企业的法务往往没有更好的师傅指导。律师事务所里有专业的合伙人培养实习律师,手把手地教实习律师谈案子、办案件,在律师事务所从实习律师做起,能更快速地成长起来。尽管有弊端,对于 2002 年做出的选择,我仍不后悔,当时结交了一批非常优秀的碧桂园业主,其中一些业主成为我初期的客户。

　　律师行业普遍存在"358 定律",通常一个律师入行以后,第一年到第三年是助理身份,做满五年就可以成为一个独立律师,做满八年的时候就可以成为一个律师事务所的合伙人。我的职业发展也是一个不断进步、不断遇到瓶颈,然后突破瓶颈的过程。在碧桂园工作满三年的时候,经常会有一些社会上的朋友找我咨询法律方面的事务,寻求我的帮助。当社会对我专业服务的需求越来越多的时候,我不得不做出抉择:是在碧桂园做专职的法务,还是离开这份稳定的工作,进入社会做专职律师。我认为,在一个企业做法务,打造的是别人的品牌,并不能形成自己的口碑,只有做独立的专职律师,才能够擦亮自己名字的品牌。经过慎重的考虑,我最终决定离开碧桂园,2005 年我开始走上专职律师的职业道路。

二 | 回炉再造之长隆集团法务律师 365 天

　　从碧桂园出来后的第一年并没有想象中顺利,社会上的客户或业务并不能让我的工作饱和。做了一年专职律师后,我选择了再次回到企业做法务。2006 年到 2007 年,我进入广州长隆集团法务部工作。这一年的工作,我进一步夯实和提升各方面的专业能力。在职务上,长隆集团工作比碧桂园是有进步的,在长隆集团是直接在集团总经办法务部工作,并且是主力律师。期间,我意识到在成功企业工作过,很容易得到别人的尊重。入职长隆时,面试我的部门领导得知我曾在碧桂园做法务,便让我自己报待遇要求。在长隆,每天早上会有员工汇总集团旗下的长隆欢乐世界、鳄鱼公园、长隆酒店、湘江酒店、长隆高尔夫等所有企业需要处理的法律文书文件,装在不同的信封里,我会收到厚厚的一摞文件袋。我还经历了长隆欢乐世界的施工和竣工。

在长隆的工作让我悟出一些道理,我更加了解了法务部门在企业各部门体系中精准的定位。法务部门属于风控部门,在对待合同的态度上与业务部门是不同的。业务部门希望能够快速签订合同,而法务部门永远把风控放在首位,先做风险推定,再去审查条款,会用谨慎保守的态度去对待一份合同,因此法务部门和业务部门经常发生争吵。同时还意识到,做律师永远是服务于决策者、企业家,他们对待一份合同,不可能完全是保护自身利益,企业家需要考虑风险和收益。当年广州修建长隆汉溪地铁站时,长隆为了让地铁口修在自己园区门口附近,赞助了部分地铁施工,承担一些本是由市政承担的施工费用。当时的施工方是一个很强势的国企,不允许长隆修改合同上的任何文字。这种情况下,律师会对合同提出很多修改意见,但企业家会认为地铁站不仅冠名长隆,并且修建在园区门口,获利远远大于法律风险。律师很多时候不能太执拗。提法律建议是律师的权利,但律师只是一个专业技术人员,律师要服务于企业家的决策。这是我在长隆做法务的心得体会。

三 | 开启专职律师之路——加盟法丞汇俊

在长隆工作一年多后,我感觉时机比较成熟,再次思考起自己的职业方向。我再次选择离开,进入社会做专职律师。2007年底,我离开长隆,进入广东法丞汇俊律师事务所工作。在法丞汇俊工作的时光是一段很美好的回忆。业绩方面,我一直是除合伙人之外的专职律师中的前几位。当时律所的负责人是杨克明主任,虽然他从未当面表扬我,但我经常能从同事口中听到,杨主任多次在他们面前表扬我,这让我受到莫大的鼓励。法丞汇俊良好的企业文化,每年都会组织一次员工出省旅行,既能增进同事之间的友谊,也能游览祖国的大好河山。我在法丞汇俊的几年时间里,去了云南丽江、四川九寨沟等地,欣赏到了壮丽风景。

青年律师是应该加盟大型律所还是中小律所?这是我在法丞汇俊工作期间一直思考的问题。在法丞汇俊的三年,我认识到中小所有其独特的魅力,主要体现在:一是人情味足,和行政团队都很熟悉,大家都是喊姐、哥,听起来很亲切;二是凝聚力强,大家互相认识,也经常串门、聊天;三是容易获得成就感,竞争压力小,只要工作努力,就很容易成为头部律师。

四 | 乘着亚运东风加盟广信君达

2009年,我又遇到了职业发展瓶颈期。当时的法丞汇俊的主要业务方向是清收不良资产,业务方向比较单一。我认为银行不良资产业务对专业性要求不高,并且法丞汇俊不太重视律所的品牌建设。我曾多次向律所的领导反映,律所的宣传手册一直没有更新,或许是当时律所的主要负责人以不良资产业务为主,未重视我的提议。对于年轻律师来说,律所强大的品牌力能够帮助年轻律师开拓业务,知名的律所品牌不仅会吸引客户,还会增强客户对律师的信任。律所的品牌力弱是我决定离开法丞汇俊律师事务所的主要原因。同年,我现在所执业的广信君达律师事务所的前身——广信律师事务所,中标了广州第十六届亚运会的常年法律顾问。亚运法律顾问签约事件扩大了广信律师事务所在广州法律圈的影响力。具有如此良好影响力的律师事务所对我充满了吸引力。由我在湖南工商大学专升本函授班的同学,也是当时广信律师事务所的高级合伙人黎志军律师引荐,我加盟了广信律师事务所。面试我的是管委会的王春平律师和赵建发律师。

2009年4月至今,我入职广信律师事务所已经15个年头了。我很庆幸,赶上了事务所发展最辉煌的一段历程。广信君达律师事务所于1993年成立,到我加盟的那年正好16年,这16年是律所夯实基础的阶段。我正好赶上律所的快速发展期。加盟后的几年里发生了许多里程碑事件。2012年,广信律师事务所根据省司法厅的要求,完成了一次重大的重组——由广信律师事务所、信立盛达律师事务所、安道永华律师事务所三家"广州市十佳律师事务所"达成战略重组,合并为广信君达律师事务所。在此之前,广州的律师行业处于"南北夹击"的不利地位。北方的竞争者主要是北京的律所,作为首都的律所,他们拥有位于政治中心的优势,这些优势有利于他们中标一些重大项目,例如当时的广武高铁项目,北京地区的律师方便与国家发改委等中央部委沟通协调,这是加分项,所以容易中标。南方的竞争者主要是香港、澳门的律所,因为全球顶级律所亚太区的办公室往往设立在香港,导致广东的涉外业务大多数由香港的律师承办。因此省司法厅要求打造一艘广东本土的法律航空母舰,形成本土的法律品牌,与南北的竞争者抗衡。2012年完成这一重大重组。重组后的第一年,我们突破一个亿的创收,进入了律师事务所"亿元俱乐部"。2017年,随着合并带来的品牌效应,广信君达吸引了更多的优秀律师加盟。但律所的办公面积不足以容纳那么多律师。同年夏天,我们搬进了广州的地标建筑——位于珠江新城的周大福金融中心,坐拥 9000 平方米的两层半办公区。这次搬迁使律所的形象与实力再一次腾飞,同时期广州本土律所多数还拥挤在老旧写字楼,办公环境的优势一下子就彰显出来了。2016 年,广信君达成立了全国第八家、广东省首家律师行业的党委,党建工作的成绩得到了各级部门的高度认可。2020 年到 2023 年,仅三年时间,先后有司法部的两任部长到广信君达视察指导,不仅给予律所关怀,也给律所全体同仁带来了巨大的鼓舞。近十年来,广信君达的分支机构也是蓬勃发展,在全球已有近三十家办公室,形成了扎根广州、辐射粤港澳、享誉华南的品牌优势和行业影响力。

五 | 晋升一级合伙人

2009 年,加盟广信君达时我只是一个坐卡位的专职律师。2012 年,乘着三所合并的东风,我加入合伙人队伍。我之所以得到这样一个机遇,是因为当时我们要设立广东首家注册资本达 1000 万的特殊普通有限合伙律师事务所,需要壮大合伙人队伍。在合伙人会议上,按照股权分配高级合伙人、一级合伙人、二级合伙人,名额指标都没有安排满。当时我刚做合伙人,被提名担任二级合伙人。我看到一级合伙人仍有不少空缺,会议期间我便把王晓华主任请到会议室外向他请示,能否直接由二级申请为一级。在当时的情况下,律所希望能有更多有担当的律师,王主任爽快地答应了,回到会场马上宣布:孙俊杰为一级合伙人的推荐人选。大家也一致表决通过。这是一个非常好的机遇,我不用从二级合伙人做起,节省了积攒资历的时间。

2009 年到 2012 年的三年时间里,我的业务较为普通。当时坐在卡位区,与毛英律师、欧阳晓军律师、嘉海霞律师做邻居。一年卡位费是一万元左右,我也没有能力去聘请专职的律师助理,便请了广州司法职业学校的一名在校学生,按照给我提供服务的小时数每月给他支付补贴。没有好的团队成员,自然难以接到好的业务。每天处理一些琐碎的法律事务和小案子,我的业绩也很一般,人也处于很疲劳的状态。每天下班回家,停好车后都没有力气下车,经常需要爬到车子后排,在后排躺着睡一觉,才能恢复些许精力下车上楼。

2012年晋升合伙人后,律所对业绩有了新的考核要求,专职律师时期,挣多挣少都一样,但一级合伙人的创收指标是一年一百万左右,我的负担加重,需要更加努力。搬入珠江新城前,在律所旧址广州交易广场时,我的卡位费一年不到一万,晋升合伙人后,工位必须是房间,我的工位是一个不带窗户的暗房,一年的房间费五六万。一开始我心里忐忑不安,工位费一下翻了五倍,我是否能够承受?现在来看,其实没必要去担忧成本,整个律师事务所品牌实力所带来的溢价会远远覆盖自身办公成本的增加。2017年,我们搬到广州周大福金融中心,我的工位费变成了一年十四五万,相较于广州银行大厦时期又翻了好几倍。这一次我就没再担心,因为我知道工作成本增加了,收入也会随之增加。有的专职律师为了省钱,在律所里连一个卡位都不要,我认为这并不是一个明智的选择。如果没有卡位,没有工作就不想回律所,缺少了很多与同事交流、切磋专业知识的机会。

六 ｜ 成为管理合伙人

2018年中秋节,我在印度尼西亚雅加达访问交流,临时接到律所王晓华主任的电话,他说要把我增补为律所管委会委员。2012

年三所合并时,我曾主动报名竞选监事,但遗憾落选,心冷之后也再未起过参加律所管理的念想。因此,五年后王主任增补我进管委会,这让我感到非常意外。后来才知道,当时律所的管理层认为,这些年管理层以南方人为主,每当遇到需要批评人或者得罪人的时候,没有人敢说话,甚至个别合伙人担任管理工作时,只要讨论事项与自身无关,哪怕损害了集体利益也不愿吭声。律所管理层认为需要有一个敢说话、不怕得罪人的人进入管理层;他们也注意到,虽然当年我落选监事,但在之后的五年里,我每年在合伙人会议上都提交提案,关注律师事务所的公共建设和发展。他们认为我是一个有公心的人。种种原因,2018 年,管理层决定让我加入队伍。2018 年至 2023 年我连续当选为律所的管委会成员,分管纪律维权工作,并从纪律委副主任晋升为主任。广信君达律师事务所一千多人的职业纪律问题和风险防范问题都由我所带领的律所纪律委来管理,这充分体现了律所对我的高度信任和期待。

第四章

专业化探索与个人品牌建设

一 | 专业方向的探索与发展

从 2003 年到 2024 年的二十多年,我从实习律师做起,在专业化道路上不断探索实践。2003 年对律师的实习要求并不严格,不需要提交实习案例和参加面试考核,通过司法考试后找个律所挂靠,挂满一年后参加一次岗前培训,填表让律所盖章后提交表格,就可以领取执业证。

在碧桂园工作期间,我专注于房产诉讼领域的专业化实践。在长隆集团工作期间,我主要从事企业合规风控领域的工作,参与了许多法律培训讲座,主持编著了《长隆集团酒店管理常见法律问题 100 问》,积累了一些重大合同审查以及企业风控体系建设等方面的经验。我虽然 2007 年离开长隆,踏上专职律师的道路,但 2008 年才开始真正以专职律师身份面向法律服务市场,独立开拓客户。2008 年到 2016 年的八年时间，我的法律专业方向以民商事诉讼为主。2016 年，我开始接触金融证券相关的业务，这意味着我的专业化有了迭代更新。

关于律师如何探索专业化发展，我曾咨询过北京金杜律师事务所高级合伙人刘延岭主任。我问："企业常年法律顾问这个业务算不算律师的专业？"他回答说："不算，法律顾问不是一个专业。"这启发我第一次深入思考律师专业化。在与刘延岭主任探讨这个问题之前，如果有人问我"你的专业方向是什么"，我可能会回答"企业常年法律顾问"，得到刘延岭主任的专业指导后，我不再这么认为。他说："律师的专业是指在某个领域具有一定垄断性，这个领域非一般律师能轻易上手，律师需要经历三到五年的时间才能够在这个领域有所突破，逐步得心应手。而法律顾问没有太高门槛，一个普通的律师就能做法律顾问，因此不能说你的专业方向是法律顾问。"这次对话使我受益匪浅，从而下定决心要更加深入地探寻和发展我的专业领域。

（一）非诉法律专业化探索之私募基金业务

2016 年，国内私募基金行业迎来较大发展，也给律师行业带来了机遇。国家要求国内的私募基金管理人机构由律师出具法律意见书来证明公司治理规范，只有提交了律师签名的法律意见书才能够获得中国证券投资基金业协会颁发的私募基金管理人资格，要求私募基金企业必须在 2016 年 8 月 1 日之前提交律师签字的法律意见书，如不提交就有可能面临非法经营的问题，这在私募基金行业也被称为"八一大限"。所以当时的私募基金管理人备案业务很火爆，以至于整个律师行业，不管是否懂基金，大家都在写法律意见书。我当时遇到一位很关照我的老乡毕总，她是中信证券广东分公司私募机构部的总经理，推荐了不少项目给我。这是我真正第一次在陌生领域闯出一条路子。

短短一年时间，我带领团队从零开始，顺利承接了十四个私募基金管理人备案法律意见书项目，四家成功通过管理人资格备案。最快的一家是位于番禺万博中心的量量资产管理有限公司。2016年2月14日签约，仅用两个月时间，我们就通过了中国证券投资基金业协会的审核，帮助广州量量资产管理有限公司拿到了中国基金管理人资格，公司的两位股东非常激动，专门从番禺跑到珠江新城宴请我们团队。2016年，我实现了私募基金业务的重大突破，主要源于几个方面：第一，市场带来的机会，市场需要律师参与；第二，我发现并把这个机会运用到最大化；第三，团队发挥了协同作战的优良作风。

我带领整个团队认真学习了协会关于私募基金备案的有关规则，掌握最基本的撰写法律意见书的知识；同时联系了远在北京的一位老乡同行许主任，他做基金业务的经验比我们更丰富，这位老乡大力支持我们团队，安排他团队最得力的一位律师为我们提供指导；我也与广州本地几位做私募管理人备案的经验丰富的律师时刻保持联系，只要遇到不懂的，我就去请教他们，因此我们团队总能快速解决问题，更好地服务客户。除此之外，当事人的高度信任和督促，让我们更加不敢松懈，夜以继日地推进法律意见书的撰写工作。我的助理李红律师和白洁律师非常努力，甚至有过几次被当事人批评到哭泣的情况。当时有一家私募基金，他们已经准备好现金，只等着牌照了。他们给我们团队提出了非常高的要求，那段时间团队上下都感受到莫大的压力。对于管理人来说，每推迟一天，就会多承担几千万资金对应的财务费用。我们团队化压力为动力，认真推进项目。那一年，我们向律所交出了一份漂亮的成绩单。这是我在专业化探索上一个较为成功的案例。

（二）非诉法律专业化探索之新三板业务

2016年，团队还承接了一批新三板业务。我们跟广州一家承接了不少新三板业务的会计师事务所合作,每次他们承接业务后都会带上我们团队。

我们接了六个新三板业务项目,成功挂牌了一个——人民印刷厂股份有限公司,股票代码是837177,我一生都不会忘记这串代码。人民印刷厂股份有限公司是一个印刷企业,涉及固体废品的处置、污水的排放等环保合规问题,同时还有一些员工的历史遗留问题,这些都考验着我们团队解决问题的能力。还有一家令我印象深刻的企业是湖北随州一家做特种车辆的公司,当时其新三板项目卡在了企业合规性上。老板不懂法律,让当地另外一家企业用自己的特许经营资质作价入股,很显然是不合规的。这也意味着这家特种车辆公司没有生产许可,经营合法性不过关,这是新三板挂牌的一个硬伤。还有一家公司以新三板为噱头进行非法融资,律师建议老板要规范化经营,但老板尝到了圈钱的甜头,并未采纳律师建议,最终遭受牢狱之灾。这也提醒我们,参与资本市场固然容易赚钱,但是风险与收益并存,面临诱人的收益时,要考虑与之对应的风险,才不会迷失在资本市场,翻了跟头。

通过经手新三板业务,我对非诉业务有了更加深刻的了解。一家企业想完成股改成为公众公司,必须经历企业经营合规性的考验。律师工作如同企业经营,必须具备核心竞争力和特色专项业务。

(三)非诉法律专业化探索之P2P(互联网金融点对点借贷平台)业务

2018年到2019年,我敏锐地捕捉到互联网金融借贷行业法律业务的风口。但国家很快叫停了P2P业务,我没能够成功接到这个领域的订单。面临新机遇时,我全力以赴地争取,主动加入广东省互联网金融行业协会,对接广东省各地方金融主管机构的同志,搜索行业相关政策文件,寻找出具法律意见书的工作机会。各行各业对 P2P 尚持观望态度,我也没有真正迈出委托律师这一步。尽管我主动对接过几家公司,但最终也没能签约。当时广州做这块业务的律师仅有几位,虽然这次尝试没有让我获得经济上的收益,但对我来说也是一次重要的经历。

(四)非诉法律专业化探索之并购重组业务

2018 年后,我大概用了两年时间做了一批并购重组业务,这对我来说意义重大。有并购重组需求的公司已经不是普通的小公司了,这些业务让我有机会对接更多优秀公司。每次尽职调查都是对该行业的一次全面探索和认识。当时有并购重组业务需求的企业主要从事生物医药、乳蛋白、印刷、农业等行业。律师参与并购重组、尽职调查、设计交易框架,帮助企业规避风险从而进行科学决策,充分体现了律师工作的专业价值。

在非诉法律领域的专业探索,表现出我们律师团队对业务创新的探索精神。金融领域的政策性特别强,如上所述,这两年的风口是私募,过两年变成新三板,再过两年又出现新的风口。我们团队时刻保持敏锐的洞察力,注重自身业务的创新,唯有如此,才能抓住风口,跟上时代。

(五)诉讼领域专业化探索之公司法诉讼

诉讼业务是我们团队最为长久的业务板块,相较于非诉业务,诉讼业务的业务量相对稳定。我认为一个律师应有真实的办案数据证明专业性,为了更好地了解我们团队在诉讼板块的优势,2020 年,我安排团队的助理进行了一次详细的大数据整理,表格化整理 2004 年至 2020 年十几年办过的所有诉讼案件。这次整理让我对专业特长豁然开朗。数据显示,我经办的数量较多的四类诉讼业务分别是公司业务、房产交易诉讼、名人离婚、经济犯罪辩护,因此,我认为这四个领域是我的擅长领域。

公司法专业领域，基于以下六点优势得以领先。第一，我曾在碧桂园和长隆两家大型集团的法务部门工作，有丰富的企业风控实践经验。第二，我经办过不少关于"公司诉讼 25 个案由"的案例，例如股权转让纠纷、股东权利受到侵害纠纷、知情权纠纷等。第三，我担任了全国律协第九届公司法委员会委员，任职期间，我每年都参加全国律协公司委的年会，与各省公司法领域的大咖深入交流。全国律协公司委承接全国人大常委会法工委的部分立法研讨任务，我有幸参与了有关公司法立法的修正案的研讨，也参与了全国律协公司委面向全国七十万律师在公司法领域专业指导意见的起草和修正工作。在全国律协公司委工作期间，我积累了丰富的公司法专业经验。第四，我在准上市公司广州市诗尼曼家居股份有限公司担任过两届独立董事，长达十年。此外，我还兼任薪酬委员会主任，在参与股份有限公司的董事会治理过程中，对公司治理规范有更深刻的认识。董事与法律顾问的视角不同，作为企业决策层看待公司决策和治理，才能对公司运作有更加深刻的认识，更利于我在公司法领域的专业发展。第五，2018 年，我创办了自己的公司——广东潍商投资有限公司。律师行业规范规定律师只能担任独立董事，不可以担任董监高，但是并未禁止律师担任公司的股东。因此我在潍商投资有限公司里仅担任股东，并没有担任董监高。创办公司使我切身处理了一家公司筹备时期的核名注册、每月的纳税申报、每年的年审以及工商行政主管部门的抽查考核等事务。这让我的视角从法律顾问和公司董事扩展到投资者。我和当事人沟通时，也能够从公司老板的角度去看待案件。第六，2018 年至今，我一直担任广信君达律师事务所公司法专业部的部长。上述几点不仅足以验证我对公司法业务的关注度和研究深度，也证明了我时刻保持自身专业化的探索发展，持之以恒地发展自己。

（六）诉讼领域专业化探索之房产诉讼

我在房产诉讼领域的优势源于以下几点：第一，我曾在房地产行业的龙头企业——碧桂园集团总部工作过四年，主要代表开发商起诉违约的业主，因此能够站在开发商的角度看待房产交易纠纷案件；第二，成为专职律师后，我代理了很多房产交易的诉讼案件，解锁了代理人视角；第三，2021年起，我有幸担任广州市住建局房地产交易监管中心的法律顾问，担任法律顾问的两年时间里，我们团队每个星期都要去监管中心坐班接访，参与房地产市场交易及监管有关行政诉讼、行政处罚等的研讨，这段经历让团队成员能站在行政主管部门的角度看待房地产交易纠纷；第四，2015年至今，我担任广州市仲裁委员会仲裁员，房地产交易纠纷一直是仲裁机构占比较大的案件类型，担任仲裁员的9年时间里，我处理了非常多的房地产交易纠纷，仲裁员这一角色能够让我站在司法裁判者的角度看待房产纠纷案件。

我的优势是经历过不同角色，从开发商的法务到业主的代理律师，从房地产行政主管部门的法律顾问到仲裁员，多重视角让我积累了丰富的房地产交易纠纷诉讼经验。

我经办过一些印象深刻的新类型的房产纠纷案件。一件是开发商为规避国家监管政策，帮业主垫付供楼首期款后被银行发现，导致银行拒绝放贷，业主方提出无法履行购房合同，起诉开发商要求退款。另一件是开发商为规避国家限价政策，以向业主收取房款之外的团购费这一方式来规避限价，后来业主要求解除合同。还有一些业主为了规避国家限购政策而与亲友约定代持，在代持过程中发生纠纷。最近一种新型的购房纠纷是开发商指派有购房资格的员工与购房者签代持协议引发纠纷，我们团队正在对接和处理。

（七）诉讼领域专业化探索之"名人"离婚诉讼

关于"名人"离婚诉讼这一专业板块，所谓的"名人"并不是明星，而是在各自行业内有一定声誉的企业家。名人离婚并不是我优先发展的业务范围，但客观上，近几年来离婚率的攀升增加了婚姻纠纷的业务量，我们服务的企业家客户中也存在大量离婚的情形。企业家离婚不单纯是感情破裂和争夺抚养权，还会涉及复杂且庞大的财产分割（公司股权、企业年金、证券产品等）。这不仅涉及婚姻法，还属于我的专业领域公司法，同时又能给团队带来较高收益，何乐而不为？当遇到这类复杂的离婚案件时，我们团队既懂婚姻法又擅长公司法的优势便得以显现。

我曾办理过一个财产分割中涉及企业年金保险分割的离婚纠纷，海珠区人民法院的一审判决应当分割企业年金保险。我们在二审中逆风翻盘，最终广州市中院认为企业年金保险由用人单位出资，并不是夫妻共同财产，不应分割。还有一个上市公司管理层的离婚案件，他们夫妻共同财产有一部分是上市公司股权持股平台中的股份，但这部分股权并没有到可退出的时机。我们还遇到过欺诈性抚养的案例，离婚过程中发现自己的孩子非亲生，我们果断决定让当事人提交欺诈性抚养索赔的诉讼，最终获得法院的支持。还有一个令我印象深刻的案例，东莞市有一对夫妻都是企业家，男方一直存在家庭暴力倾向，以至于我去东莞开庭的时候，特别担心会受到男方暴力侵害，专门请了保镖保护我。最后这一案例通过调解结案。我总是乐意接复杂、高难度的案子，这也是发展我专业化的一种方式。

（八）诉讼领域专业化探索之经济犯罪辩护

我始终认为，刑事案件是律师的基本功，任何一位律师都不能丢掉刑事辩护业务,刑事法庭最能展示律师辩护的风采。执业多年,我始终没有放弃刑事业务。出于我对刑事业务领域的兴趣与信仰,我始终用心经营团队在该领域的业务,主动引进刑事辩护方面的优秀律师,我一定要让这个业务板块成为我们团队业务的一个重要组成部分。这些年办理了不少具有影响力的大案、要案。2020年,我办理了一个涉及艺术品拍卖诈骗的合同诈骗罪的案件,受害人达两千余人,嫌疑人近一千人,社会影响力巨大。当时我们代理第一被告人,光是阅卷就用了差不多二十天,每天只是阅卷,别的什么都干不了。为了办好这一案件,我组织了一个强大的团队,把团队在广东财经大学法学院做兼职讲师的肖璐博士请来和我一起做辩护人。在我们的努力下,我们把罪名从诈骗罪变更为合同诈骗罪,检察院的量刑建议是11年到14年,经过辩护,最终刑期为11年4个月。我们积极促成了被告人家属与受害人之间的退赔工作,取得了令当事人家属满意的结果。退赔工作花费了我大量的时间,被告人身陷囹圄,艺术品仓库无人值守,如何管理几千件价值无法估量的艺术品,是很头大的事情。后来和家属协商运到了珠海存储,然后给一部分来维权的受害人退还藏品,其中也牵扯和经办公安、家属沟通,还有受害人通过各种渠道联系我,求我帮他们联系被告人家属以多拿点赔偿。通过这个案子,我了解了被告人奋斗发家、成功膨胀、知道走法律灰色地带后请法律专家做法律文件规避、心怀侥幸、案发后逃逸、被公安感化决定自首的整个过程,可谓让我感受了人生百态。这个案子让我特别有成就感,一切付出都是值得的。

2021年,我经办广州某金银珠宝有限公司某位管理层涉嫌虚开增值税专用发票罪一案,涉及国家税款82亿元人民币,由辽宁省抚顺市人民检察院提起公诉,我们代理了这个团伙案件中多名被告人在公安和检察院两个环节的辩护。我组织了事务所多名刑辩律师投入到辩护中,得到了被告人家属的高度认可。2022 年,我们团队承办了广东省有史以来最大的非法窝藏枪支弹药罪案件,这个涉枪案件比较敏感,我整合团队的多名刑辩律师,一起为该案中的多名被告人提供专业辩护服务,我本人服务的嫌疑人最终获得不予追诉,取得了满意的结果。上述案件,都体现了我们团队在刑事辩护领域具备极强的专业能力。为了进一步提升团队律师刑事办案能力,我经常学习相关书籍自我提升,并选派团队内的赖明星律师参加中国人民大学法学院组织的刑事辩护研修班。只有强化整个团队的专业能力,在业务上有所突破,形成优势合力,才能不辜负当事人的期望。

2021 年,我意识到数字经济的发展会给传统纠纷带来新变化,例如当下的一些离婚纠纷会涉及虚拟资产的分割。我们要抓住当下新媒体行业的风口,发展新媒体相关的法律事务,要继续发扬团队顺应时代、提升自身能力的优良传统,以免被时代淘汰。

二 | 个人品牌的建设

律师的业务推广应该随着时代的进步不断变化。案源是律师无法回避的、永恒的话题。律师想做到案源丰富,最基本的是要有自己的业务特色,专业能力的无可替代性是律师议价的基础。有了专业能力这一基础,便要考虑如何打出自己的名片。以前都说酒香不怕巷子深,但现在的社会酒香也怕巷子深。律师一定要主动出击,充分利用各种营销工具增强自己的口碑,扩大知名度,才能收获更多业务。早些年,我靠发名片扩大自己的影响力,利用每一次社会活动扩大自己的朋友圈,完成人脉资源储备,但这种方式效率低,比如我参加一场三百个客人的婚礼,我也就只能发出二十多张名片。

现在的抖音、微信、小红书、微博等新媒体平台为律师提供了快速推广自己的平台。特别是抖音和微信短视频这类平台，可以自己购买流量定向投放。比如我作为广州地区律师，想要拓展本土业务，可以买一些流量定向投放到广州市。如擅长某一法律领域，投放流量时，可以选择对该领域感兴趣或者从事该领域的观众，这样能极大地提升营销效果的精准度。

随着社会的发展，律师的客户群体逐步从 50 后、60 后转变为 80 后、90 后，甚至是 00 后。这些人从小生活在互联网时代，在选择律师时会更加依赖互联网。我今年成交了一单从抖音平台上进行法律咨询的业务，我问当事人为什么会选择我，他告知了他找到我的经过，了解广州有名气的几家律师事务所后，他登录抖音检索广信君达，抖音显示律所律师的抖音号，他按粉丝量从高到低进行检索，发现我在律所开通抖音号的律师中粉丝量最高，于是选择跟我合作。这件事打开了我业务推广的新思路，我意识到一部分人会通过新媒体平台寻找律师。

2021 年，我开始打造个人和团队的品牌。首先把个人的抖音、微信视频号和小红书做起来，形成一个基础的粉丝量。同时开通团队的公众号，在团队公众号上发布法律业务的专业文章、经办的特色案例、从业办案的心得体会、参与进修班的学习体会等。我还把团队经办过的案例按照业务类型统计整理，发布在团队公众号上，强化团队的品牌力。公众号有一篇北京法律行业知名自媒体对我的专访，今年签约的一件房产纠纷案件，当事人便是通过这篇公众号文章找到我，这篇专访让他对我建立了初步的信任并最终促成了签约。除此之外，我还完善了我在百度百科的人物介绍。百度百科的词条具有一定权威性，能增强当事人对我的信任。这一系列对个人品牌矩阵的培育，2022 年初步打造形成了"孙俊杰品牌阵营"。

虽然维护各平台账户、发布内容会耗费我的部分时间与精力，但是我坚信这是正确之举，会持之以恒地做下去。有一些同行做新媒体三分钟热度，几个月后就停了，我的抖音已经做了两年，现在也有五万多粉丝。我的目标是抖音达到十万粉丝，微信视频号达到五万左右的粉丝量。

抖音和微信视频号是我比较重视的两个平台，我之所以重视微信视频号是源于我与一位网红律师的谈话，他说一个抖音粉丝的市值大概是五毛钱，而一个微信视频号粉丝的市值是一元。因为微信视频号是一个私域流量，视频号粉丝的含金量比抖音更高。因此我也很重视微信视频号的维护。小红书平台的粉丝更容易转化成律师业务，但算法较为复杂，我还没摸透，也会继续探索。现在团队李泽如律师在运营她的小红书账号，期待她能够在小红书平台打出名气，增强团队的品牌效应。总而言之，当 90 后、00 后逐步成为我们律师服务的主体时，更容易凸显新媒体在律师业务拓展上的价值。

三 | 执业发展 20 年的经验总结

从 2003 年到 2004 年，我执业成长二十多年的经历，很短暂也很漫长。我归纳八点经验，希望能让律师行业的新人从中有所收获。

第一，律师是一个终身学习的职业。我们需要不断更新专业知识、工作方法、办案技能、工作思维，不断更新我们与不同类型人物相处的技巧，不断适应这个变化飞速的时代。最近，我整理了 2023 年的工作日志，这一年，我参加了法天使律所主任班、上海智合论坛、中山大学领航八期企业家班、ILAW海南律所管理者私董会、英卓商学院总裁班、广州律所管理合伙人北京大学法学院领导力研修班六个学习课程。学习已经是常态，不学习就会被时代抛弃。

第二，时刻牢记自身的专业化发展。律师是专业性要求极强的职业，只有做好专业化，才能成为一名好律师。做好专业化，不仅要有远大的志向，还需要一颗持之以恒的心，要有一万小时以上的工匠精神，要遵循行业的"358定律"，沉得住气，踏踏实实提高专业化水平。

第三，要选择知名的、成功的执业平台。这样的律所能够为律师的职业发展提供极大的助力。我始终认为2009年加盟广信君达是我职业生涯中做得最为正确的一件事，见证律所与我的共同成长，是令人终生难忘的回忆。选择正确的平台能让律师受益匪浅，收获自己的事业方向和良师益友。在大平台工作的经历让人更加成熟、更加内敛。一个具有良好品牌影响力的律所能够让律师，尤其是青年律师，在社会上更容易得到别人的认可和尊重，收获同行的敬意。广信君达律师事务所在国内，尤其在华南地区较为知名，我们所的律师到其他省份与当地的律师同行交流时，都会感觉到对方的尊重，这更加坚定了我留在广信君达的决心。

第四，要有一个好的律师团队。2012年开始，我从一名专职律师成为一个团队的领导。一个好汉三个帮，一个篱笆三个桩。要想承接大案，服务优质客户，必须有团队的力量。从一个新晋的团队负责人成长到今天，我大概用了十年时间。尽管我并不是一个非常优秀的团队负责人，但也逐步摸索出一套带领队伍的体系和理念。从刚成为领头羊时团队业务单一、人员的流动性相对较大，到现在逐步实现业务升级、团队凝聚力及稳定性增强，我经历了大量的失败，也从失败中总结出不少经验，进一步提升了我的团队管理技能和水平。直到现在,我都高度关注人才问题,每天考虑如何留人、选人,其实团队之间、律所之间的竞争就是人才的竞争,这也是共识。

第五,律师不仅是法学专家,还应该是社会活动家。我的职业生涯不仅仅是律师业务,还包括参加社会组织。这不仅能拓展案源,还能结识许多良师益友,与他们交谈往往能带给我许多新的思想观念、人生经验,职场经验,这一点让我获益良多。

第六,要有一个强大稳定的后盾支持。我的家人都非常支持我,父母在我读完法学专科之后,坚定地支持我踏入法律领域,没有二十多年前他们的指引,我也难以坚定地走到今天。律师工作繁忙,大量的出差与加班使我难以顾及家庭,但家人都几十年如一日地支持我的工作,令我十分感激。

第七,要时刻保持对律师职业的浓厚兴趣和热爱。很多年前,我曾面试一个助理,我问他:"为什么要选择律师这个职业?你对这个职业是不是很感兴趣?"因为在我眼里,兴趣是最好的动力。只有对一件事充满兴趣,才能乐此不疲,遇到坎坷时能坚定地跨越。当年面试的助理回答我:"我是为了多挣点钱才做律师。"后来他也没有继续在律师行业走下去。

第八,法律行业的专家们经常提的几个关键词就是"同理心""人工智能""出海战略"。做律师要有同理心,尤其是第一次谈案时。签约了想高效做案子,就要使用人工智能,借助 ChatGPT 工具。案子做好了想避开行业红海竞争,就要走出去,像广东律师就要优先考虑东南亚法律服务市场。

最后,要感谢这个伟大的时代。在我的职业成长过程中,我真切地感受到职业命运与国家的国运息息相关,国家在不断强大,良好的外部环境为律师行业提供了滋养的土壤。多年来,我的职业发展得如此顺利,离不开国家的飞速发展。

四 | 广信君达给我的启发

前几天参加中山大学经济学课程班时，老师提到，如果一个企业能够存活三十年，可以理解为它达到了世界一千强企业的标准。据统计，中国的民营企业平均寿命不过三四年时间，广信君达能够稳健发展三十年，实属不易。我认为其中有八个秘诀。

第一，有一个好的领头人。广信君达律师事务所的灵魂人物就是事务所的创始人王晓华主任。

第二，乘上了时代发展的东风。这三十年里，我们经历了律师事务所从公务员体制到合伙制的改革，再到粤港澳湾区律师执业一体化战略以及大力培养涉外律师。这些都是律所顺应时代潮流相应做出的变革与发展。

第三，广信君达尊重非高级合伙人。很多律所存在所有的管理岗位都留给高级合伙人的情况，但在广信君达，律师的管理岗中高级合伙人、一级合伙人、二级合伙人各占三分之一，合伙人都参与律所的管理。

第四，广信君达行政团队的服务意识强。有些律所存在提款难等问题，但在我们律所这种现象不会那么突出。行政人员的服务和后勤保障都比较贴心，律所各项信息化服务都较为完善。

第五，广信君达包容性强，求贤若渴。我们一直特别欢迎重量级人物，无论是创收高的"大咖"还是在专业领域有明显特色的"大咖"。我们对"大咖"非常包容，有的律师有一定的个性和脾气，但只要他在专业上出色，在创收上贡献大，我们都会包容他。

第六，广信君达始终坚持用改革克服困难。每一家律师事务所都有难念的经，但我们每年都有很多利好消息，尽管发展道路曲折艰辛，我们要向前看，不要被困难打倒。多年来，我们不断突破、取得新的成就：2017年，搬到广州周大福金融中心这座全广州市乃至华南地区的地标建筑办公；2016 年，广信君达设立全国第八家、广东第一家律师行业党委；2020 年到 2023 年，司法部两任部长莅临我所；在西藏工布江达设立分支机构以及在美国、日本、马来西亚、泰国、柬埔寨、澳洲、巴基斯坦等一些国家和地区设立分支机构。青年律师不要迷茫，要坚定信念，同律所一起发展。

第七，品牌化建设常抓不懈。广信君达每年都参加国内外的行业评比，这也是扩大品牌影响力的方式之一。2023 年举办的"广信君达三十周年庆典"，进一步增强了我们在业内的口碑，还有中央电视台的节目、学习强国 app 对我们的采访和宣传，都扩大了律所影响。广信君达的公众号也做到了广州律师行业头部，点击量均以几十万计。多方齐下，加速了广信君达品牌的发展。

第八，事务所有一批脊梁式的人物。广信君达合伙人有一百六十多人，其中大约 30% 的合伙人对律所的忠诚度无法言表，他们专业化水平高，成为广信君达这艘大船的龙骨。核心龙骨稳定，广信君达就可以发展得稳健长远。

第五章

多面"孙律师"

律师在发展的过程中不能单打独斗,广结善缘是必不可少的。朋友不仅是律师拓宽案源的一种方式,更是困难时的救火之水。作为一个在广州的外地人,我对此深有体会。我执业的二十多年里,我通过以下几个举措来补足我身为外地人的交友短板。

一 | 创办广东省山东潍坊商会

原计划成立潍坊昌邑市第一中学广州校友会,但在筹备过程中,我发现在广州的昌邑人不够多,于是将范围扩展到整个潍坊,且不必局限于广州,可以扩展到广东省。2013年我开始筹备广东省山东潍坊商会。商会成立之初,对我的精力、体力和影响力提出了考验。那时候,我还不是一名成功的律师,只是凭着一股蛮劲和一颗奉献家乡的心,不停地走访来自潍坊的企业家,联络更多潍坊的朋友,得到了潍坊市政府的支持,最终修成正果,2014年7月16日,获得广东省民政厅的批复,成功注册了商会。

注册之初,广东省民政厅要求潍坊市提供一份同意筹备设立商会的函。当时是潍坊市工商联出具函件,但广东省民政厅认为不符合标准,工商联不是政府部门,后改为招商局出函。按照规定,商会应有八家发起单位,并且成立的时候不能少于三十家会员。能够得到每一位会员的支持,令我感激不尽。

商会成立后,我一共担任了两届会长职务,从 2014 年正式担任会长到 2023 年 4 月份卸任,刚好十年。这十年时间里,我认识了特别多的老乡,他们都非常信任我,只要遇到与法律相关的问题都会找我,也有不少企业聘请我担任法律顾问,这对我的律师事业提供了很大帮助,客观上也是我在为商会付出奉献中得到的正向反馈。办商会的过程中,我认识了一批志同道合的人,大家的成长背景、生活习惯相近,看待事物的观点不谋而合,因而成为了挚友,这都是潍坊商会带来的财富。在创办商会的过程中,我也遇到很多挑战。成立之初,有的潍坊老乡不服气,认为凭什么让一个律师做会长,甚至当时民政部门的领导也很好奇,为什么一家律师事务所的律师可以当会长?我十年如一日地为商会奉献付出,让大家看到我并不是为了私利,而是真心实意为大家服务。我执业的广信君达律师事务所也不是他们所想象的一个只有二十多平的办公室,而是一个年产值四亿多的行业航空母舰。我的努力和背后的品牌逐渐令他们打消了质疑。

担任商会会长时,我先人后己,帮助了很多人。每当我感到很疲惫想要放弃的时候,我就想起受我帮助的人对我的感激,恢复前进的动力。每当得到老前辈的认可,我就感觉受到莫大的鼓舞与安慰。有的会员甚至把我当作在广东地区的家长,商会会员的婚礼或者他们孩子的婚礼,还有一些会员的追悼会,都会邀请我去主持,这也是担任会长给我带来的一点成就感。

据我了解,我应该是第一位在广东省内以律师身份担任异地商会会长的人。十年后的今天,律师在商会里多数担任会员、理事、监事,担任监事长的也极为稀少,担任会长、法定代表人的更是凤毛麟角。我觉得这也是我做的一件正确的事。

二 | 加入中国民主促进会,成为一名民主党派人士

中国有八大民主党派,中国民主促进会是其中之一。2007年我开始接触民进广州市委会,至今也有十六个年头。我在民进收获颇丰,一方面,结交了各行各业优秀的民主党派人士;另一方面,民进为我提供了一个为广州城市发展建言献策、参政议政的渠道。这锻炼了我的参政议政能力,更重要的是,我关于广州变得更加美好的意见有了被采纳、变成现实的机会。在民主党派工作的十多年时间里,我感受到民进广州市委会是一个民主且非常尊重人才的平台,只要认真付出,就可以收获认可、掌声和赞美。我也凭借勤奋上进、乐于奉献的精神,担任过内部的核心岗位:民进番禺区基层委员会副主委、广州民进企业家联谊会副会长、广州民进科技和经济工委副主任等。这充分体现了民进广州市委会对我的认可和信赖。

这些年来,每当民进广州市委会出现一些涉及法律的重大事项,他们都会征求我的意见。比如,近十年我一直担任广州侨光财经职业学校的常年法律顾问。当时学校建设从化校区的时候,民进广州市委会投资大约一亿元。我全程参与了这一亿元投资的合同洽谈、签约等整个过程。这让我获得了为民进事业添砖加瓦的机会和用专业特长服务民进市委会的成就感。

三 | 难忘的十年政协委员经历

我在广州番禺民进的良好表现,让我从会员中脱颖而出,被推荐到广州市番禺区政协担任第十三届委员、十四届常委会常委。十年任期里,我得到了极大的提升,主要体现在以下三方面。第一,政协为我提供了一个更优质的参政议政平台,我也没有辜负政协的期望,在十年里一共提交了 42 篇政协提案。其中,有一篇获得区委书记督办一号提案,有一篇调研报告被评为优秀调研报告,还有多篇提案被评为优秀政协提案。第二,我在番禺政协结识了众多番禺区的人才。进入政协的门槛很高,各行各业的顶尖人才才能得到推荐进入政协,因此认识了一批番禺各界的杰出代表人士。第三,政协使我变得更加自律。政协委员是一个光荣的身份,我必须严格要求自我,不能犯错,不能出现重大个人问题,否则不仅愧对政协委员这个身份,还会被人拿去炒作。如果在马路上开车时发生碰撞,冲突双方都是普通人,其新闻价值就不会因为双方的身份而提升。"政协委员"这个身份本身具有话题性,如果是政协委员开车跟别人发生了冲突,很容易被别有用心之人拿来炒作。在担任政协委员的十年时间里,我一直如履薄冰,珍惜自己的羽毛,不让自己发生任何负面新闻。

我认为年轻律师应该积极参与到政协和民主党派中去。我国有八大民主党派,包括中国国民党革命委员会、中国民主同盟、中国民主建国会、中国民主促进会、中国农工民主党、中国致公党、九三学社和台湾民主自治同盟。他们都是参政议政的有生力量,每个党派都有各自的主界别。我所加入的中国民主促进会,成员基本上是基础教育和文化出版行业的人才。民主党派对成员的吸纳有较高标准,一般要求是中高级知识分子。民主党派有一个优势——拥有人大、政协的推荐名额,如果在民主党派里表现出色,就有可能被推荐为政协委员、人大代表。

对律师来讲,加入民主党派可以发挥参政议政的天然优势,还能够认识更多的社会精英。如果在民主党派参政议政工作突出,还有机会被推荐到政协或人大,进入一个更好的平台。年轻律师接触社会精英机会比较少,加入民主党派是一个非常好的选择。加入民主党派首先要有现任民主党派成员推荐发展,通常有半年考察期,加入以后要缴纳一定会费或者是党费。民主党派一般按照区域或者按照行业划分总支部或基层委员会,加入后以支部为单位参加有关的活动。

政协是中国人民政治协商会议,是中国共产党领导下的统一战线组织。政协按照社会类界别划分,可分为教育、农业、科技等十三个界别,这些界别的委员大都是各行业的专家学者或拔尖人才。比如农业界别,政协就会选择农业的龙头企业家或者农业科研方面的专家学者作为农业界别的委员。政协按照政党类界别划分,可分为十个界别,民进也是其中一个界别,比如我是番禺民进会的副主委,通过番禺民进这一界别就有可能进入政协。

在政协,我们能够获得直接对接政府各部门以及认识有关部门领导的机会。当政协委员提出提案后,当地政府的部门需要对提案进行答复。在这个过程中,我们政协委员与一些相关的领导干部就提案内容进行协商,这是一个很好的学习机会。

加入政协主要是通过政协各个界别的推荐。以番禺区民主促进会为例,政协把名额分配给民进会,民进会内部考核竞争,产生初步人选,交由番禺区委组织部和统战部协商,确定最终人选。所以,进入政协并不容易,首先需要成为所在界别的优秀代表,才能有机会进入政协。

综上,我非常鼓励青年律师加入民主党派,做出成绩后就有机会进入政协,让自己有机会到优秀的平台施展才华。

四 | 加入其他社会组织，扩大自己的人脉圈

我是个广结善缘的人。我不仅是广东省山东商会的副会长，还是广东省异地商会联合会的副会长。我积极对接香港山东商会、冀鲁旅港同乡会。我参加湖南农业大学商学院广州校友会并担任会长职务，也参加我的本科院校湖南工商大学广州和深圳的校友会，还积极参加一些广州市律师行业的工委会和专委会，每年也都会参加一些律师行业全国性的论坛，去认识更多的同行。我始终坚信一个道理：朋友多了路好走。人脉就像银行流水一样，我们不停地储蓄，当储蓄变成一种习惯，不仅不会觉得疲惫，反而会不断获益。对于律师来讲，积累人脉也是在积累潜在的案源。岁月是最长情的告白，在未来的岁月中一定能得到人脉银行给予的馈赠。

五 | 多做社会公益工作

我牵头负责广州番禺妇联的律师接访室，从 2011 年在麦洁萍副区长关心下成立，项目至今已有十三年，每周五上午都会安排律师到番禺区政府坐班，十多年来我们团队已经接访群众近五千人次，取得了非常好的社会效益。2022 年，团队成立了广州市红十字会法律志愿者服务队，得到了广州市红十字会张青蕾书记的大力支持，这让我们的公益活动拓展到新领域，我们决心长期服务下去，贡献专业力量。二十多年来，我坚持献血，设立多个奖学金、支持家乡的教育事业，为部队送法、普法以支持国防建设。新冠肺炎疫情期间，我积极参与抗疫捐助和志愿者服务工作。我相信多做善事必有善果，坚信我的付出会让我得到善果。

第六章

人生"五心"

我的百度百科人物介绍中提到,我的人生观是"五个心"。

一 | 敬畏之心

对中国特色社会主义道路有一颗敬畏之心,我认为每一个律师都应该对中国特色社会主义道路有一颗敬畏之心,坚定地做一名社会主义法律工作者。

对自己执业的律师事务所有一颗敬畏之心,当我们取得成就时,不要自鸣得意,我们所取得的成就离不开律所品牌影响力的加持。对自己的老师有一颗敬畏之心,"老师"不限于学生时期的老师,更包括在工作中帮扶过我们的长者朋友和生活中的人生导师。我曾经培养过一个年轻的优秀律师冉正坤律师,现在执业于北京天元(广州)律师事务所。十多年前,他在我的律师团队工作,尽管他离开了团队,但至今,他每次见到我都尊称我为师傅,这体现了他懂得感恩的优秀品质。

要对自己的上司充满敬畏,团队不和谐往往是因为缺乏规矩,下属不尊重上司甚至挑战上司,这是不对的。平时的工作中,尽管会出现和领导意见相左的情况,但我依旧尊重领导。若听到有关领导的负面传闻,我不会轻信,而是靠自己判断这些传闻的真实性。当我感受到我的领导对律师事务所付出公心,我就会对他充满敬畏。

对自己的身体健康有一颗敬畏之心。人到中年,会看到曾经很熟悉的人离我们而去。有的是因为工作的劳累,有的是因为喝酒不节制,有的是因为没有好的生活习惯。我们一定要敬畏健康,敬畏生命。要对自己的家人负责,有一个好的身体,就是对父母最好的交代。

对规则有一颗敬畏之心。我看到过原本前途无量的人,因酒驾醉驾被开除公职,他们缺乏规则意识,才会打烂自己的一手好牌。作为律师,一定要更加敬畏法律,不能知法犯法。

二 | 好奇之心

我经常跟团队的律师说,拿到案件后,除了把一份案卷看三至五次之外,还应该做到至少和当事人有二三次的面对面访谈。要对案件充满好奇,了解来龙去脉和每一个细节。我经常让当事人把案件相关的全部证据发送给我们,由我们甄别、挑选出对案件有利的证据。

除了办案,我们对生活也应该充满好奇,每到一座新的城市,都应该好奇城市的历史人文和风土人情。我有一个习惯,每到一个城市都要先去看博物馆,这也是好奇心的一种体现。

与不熟悉的人合作时,要主动去搜索他的故事,了解他的人品,描绘他的人格画像,才能避免我们在合作中踩坑,这也是保持好奇心的益处之一。

我经常要求我的女儿,无论是学习还是生活,始终要保持一颗好奇心。人类历史上,所有的成功人士有一点共通之处——有一颗强大的好奇心。

三 | 同理之心

同理心(Empathy),又叫作换位思考、神入、共情,即与人交往过程中,能够体会他人的情绪和想法、理解他人的立场和感受,并站在他人的角度思考和处理问题。主要体现在情绪自控、换位思考、倾听能力以及表达尊重等与情商相关的方面。律师尤其应该有一颗同理心,必须站在当事人角度体会当事人的情感,这样能够增强当事人的信任,拉近距离。我曾经办理过一个离婚案件,当事人说希望能和我多交流,之前面见的律师本身是未婚,无法理解当事人婚姻中的感受,更无法达成共鸣。我们一定要加强同理心上的自我修炼,强大的同理心不仅会让我们成交当事人的案件,还能在生活中结交更多朋友,有助于我们交到知心朋友。

四 | 包容之心

包容是我极度推崇的品质。对年轻的同事要包容,对自己的领导要包容,对自己的家人要包容,对自己也要包容。

包容年轻的同事。因为他们年纪较轻、资历尚浅,可能生活常识欠缺、职场经验不足、法律功底很浅薄。不要专盯年轻人的短板,要多看他们的长处,指出他们的短处,帮助他们改进。

包容我们的领导。领导也不是万能的,不要指望领导能够帮你解决所有问题,领导帮不到你的时候,不要责怪领导。

包容自己的家人。面对客户时我们往往善解人意,面对家人就情绪烦躁,要对家人多一些耐心。平时我和女儿谈话,我都会蹲下来。女儿在书桌前写作业的时候,我不会站在她的后面,我会选择比她低一些的姿态与她对话。这样做女儿会更加依赖我,与我更加亲近,也更愿意沟通。对家人包容,与家人亲近,是许多人会忽视但实际非常重要的一点。

包容自己。包容自己正在老去,变得不再健康。我们总是羡慕年轻人充沛的体力、清晰的记忆力、对生活的热爱和激情以及充满无限可能的未来。我们要包容衰老带来的失落感,生命对每个人来说都是公平的,生老病死是世间的规律。我们不必去羡慕年轻人健康的身体、一流的记忆力,也不必责怪自己记忆力下降、视力模糊,这些都不重要。我们失去了年轻时的强大记忆力,但我们的阅历给我们带来了强大理解力,年轻时无法理解的一些话,人到中年反而有所体会了。虽然我们的身体不再健康,不能再像青年时代那样爬六层楼梯不喘气,但是我们的心态愈发从容,我们不再焦虑紧张,而是更加舒畅。对自己的衰老要多一些包容。

五 | 责任之心

敬畏心让律师走得更稳,责任心让律师走得更远。责任心更多体现在律师如何对待每一位客户。我曾因团队律师未能当天回复当事人在案件工作微信群里的留言而大发雷霆。有人会觉得我小题大做,但我打个比方大家就能明白了:律师和当事人犹如医生与患者,患者按下呼唤铃需要医生帮助时,医生却没有及时出现,患者会如何想?对于大部分当事人来说,这辈子或许就这一件官司,这件官司对每天处理大量案件的律师而言或许是小事,但对当事人来说却是人生大事。当事人在案件微信群中提出了疑问,律师不管多忙,也应当在当天回复。执业以来,我一直坚持每天睡觉之前把所有与工作相关的微信群刷一遍,凡是没有回复的都要回复,不能过夜。只有拥有高度的责任心,做到把当事人的事当自己的事,当事人才能把我们当成自己人,毫无保留地信任我们。一个律师若想做大做强,责任心是非常重要的基本素质。律师要把当下的每一个案件做好,每一个项目做精做强,就要以高度的责任心获取当事人的信任。

第七章

给青年律师的六条建议

我一直很喜欢与青年律师打交道,因为我喜欢年轻人身上的那股朝气和不服输的精神。每年我都积极争取担任广州市律协组织的实习人员考核工作的考官,这是接触年轻律师的好机会。每次面试考核结束,我都会鼓励每一位实习人员坚定地走好未来的路。我给青年律师的六条建议如下。

一 | 一定不要向命运低头

亲爱的读者,过去你可能受到过一些挫折,或是现在正处于人生低谷。人生如棋,某一步棋可能走错或走得不理想,但永远不要放弃,不要气馁,要有长远的目光,不要被当下的困难挫折打倒。对此我深有体会,我的高考并没有考好,导致我当时读的大学只是一所很普通的法律专科学校。但这并不代表我的人生失去了美好未来。大学毕业后,我抓住了首届司法职业资格考试的机会。在这次考试中,我充分发挥了艰苦奋斗的作风,最终通过了这场考试,取得了较为理想的成绩。从这段经历可以看出,即使高考这一节点失败了,也仍要抓住下一个机会,在下一场考验中胜出。人生这盘棋走错一步并不可怕,只要把下一步走好,依然是美丽的。2012 年,广信律师事务所与另外两家律师事务所合并,我报名了第一届监事会监事的竞选。虽然遗憾落选,但是之后多年我一直积极参与律所管理,我的努力被管理层看到,2018 年我被补选进了管理层。这也说明一个道理:是金子总会发光。一次意见没有被采纳并不代表未来不会被采纳,前提是你要持之以恒地奋斗,不向命运低头,不向坎坷屈服。

二 | 一定要不断提升自己

提升自己分很多维度,比如提升学历、提升办案能力和专业水平、提升个人素养等。首先是提升学历,我不满意自己的第一学历,决定进修,2004 年至 2007 年,我完成了湖南工商大学和广东省司法厅基础教育处共同举办的广州律师专升本函授班,完成了专升本。2014 年前后,广州市政府每年给广州律师行业协会一笔经费,用于选拔广州本土的优秀律师去大学进修。当时看到这个通知,我很感兴趣,后来发现报名条件要求硕士研究生学历及以上的律师才能参加,而我当时只有本科学历,这警醒我进一步提升自己的学历。2014 年我便通过全国研究生考试,考上了湖南农业大学商学院工商管理专业的研究生。我不满足于现状,而是寻求不断进步、不断提升自我。这促使我不断提升学历。

其次是提升自己的办案能力和专业水平。律师办案子非常考验工作技能,如果仅靠自己去摸索,需要经历很长的周期。我们需要主动参加研修班,跟同行学、跟前辈学,这样能够极大缩短积累工作经验、提高工作能力的过程。这些年,我参加过中国人民大学的研修课程、上海智合培训机构组织的律师能力提升课程、北京法天使机构举办的律师能力提升课程。每年我都会用不少于十万元的预算来促使个人办案能力的提升，我确实从中受益匪浅。

最后是提升个人素养。很多时候，我们面对当事人，所展示的不仅仅是专业水平，还包括言谈举止、待人接物等个人素养。因此我会有意识地提升个人素养。提升个人素养无非是如下几个方法：一是多看书，我每年阅读的新书不少于二十本，每个月最少要看一本书；二是多接触强者，接触那些能给你能量、让你增长见识的人，不要与不断使你内耗的人深交；三是不断地反思自己，吾日三省吾身，一个不懂得反思自己的人是不可能取得进步的，个人素养尤其如此。遇到挫折或他人的不认可时，我们要反思是否个人素养存在不足，发现不足后还需不断改进提升。

三 | 坚持不懈，永不言弃

成功者有一个共同的特性——对事业锲而不舍。我不敢自认为成功者，但我身上也有如此特性，比如团队负责的妇联律师接访公益项目，2011 年至今，我们已经坚持了十二年；我牵头创办的广东省山东潍坊商会，2013 年筹备至今，也已有十年；二十三年来，我一直坚持生日当天献血。开弓没有回头箭，成功贵在坚持，当下定决心做一件事情的时候，要勇往直前，不达目的不罢休。现在我正在发展自己的新媒体账号，很多律师做新媒体都是三分钟热度，但我已坚持了两年，未来也会继续探索，静待花开。

四 | 管理好自己的朋友圈

年轻律师心智还不够健全,性情不是很稳定,遇到事情可能定力不足。这种情况下,交怎样的朋友极为重要。古话说:"近朱者赤,近墨者黑。"年轻律师一定要选对自己的朋友。交朋友一定要重视以下三个方面:第一,品德是否符合社会主义核心价值观,是否符合多数人的评价标准;第二,能否成为你的一面镜子,及时对你的缺点提出批评指导,他不仅是你的"酒肉朋友",还应是你的良师益友,更应是诤友;第三,要找志趣相投的朋友,共同的兴趣爱好是友情长久的关键。要管理好自己的朋友圈,与德才兼备的人一起奔赴远方。

五 | 做好自己的职业规划

按照律师行业的"358定律"——三年律师助理、五年律师、八年合伙人,律师应对自己的职业生涯有一个清晰、全面的认识,要清楚自己的性格是内向还是外向,适合诉讼还是适合非诉讼,知道自己当下想要什么,希望三年后、五年后、十年后自己是怎样的。不能边工作边找方向,应该提前规划好自己的职业方向,定期回顾职业道路,及时纠偏,这样才可能收获比较好的职业生涯。

六 | 一定要有强烈的职业风险意识

当下,律师的职业环境越来越规范,政府的监管越来越严格,政府部门的处罚越来越重,比如一些做非诉业务的律师因为出具的法律意见书有瑕疵,被证监会或是其他监管机构处以几十万甚至上百万的罚款,只有敬畏规则、专业过硬的律师才能够生存下去。如果一个律师不专业,在工作中很容易踩红线,被勒令出局。我们应始终牢记自己是社会主义法律工作者,牢记《中华人民共和国律师法》中规定的"三个维护":律师应当维护当事人合法权益、维护法律正确实施、维护社会公平正义。不要忘记中国律师执业的八条红线,不能只顾眼前利益而违规违纪。

　　律师行业属于法律服务业,我执业二十年了,服务了成千上万的客户,也遇到过对我有意见的客户。我想分享之前遇到过的所谓"执业投诉"。在法丞律师事务所执业时,我办理过一个离婚案件,当事人交律师费后,一段时间后提出退费要求,理由是我不够尽职,对案件不够上心。我有一个比较好的习惯,在办案过程中做好办案纪要,每个时间节点的工作内容均记录在表格里。当他向律所投诉的时候,我及时拿出我的工作日志,当事人看后哑口无言。后来,我才知道:原来是他与配偶就离婚达成了和解协议,不想再花钱打官司。我做办案日记的优良习惯,保护了我的执业生涯,使对方的恶意投诉未能成立。还有一次是诉讼案件,当事人中途提出换律师的想法,但关于律师费退费问题没有形成共识,当事人到律师协会投诉我。当时律协找了一位中间人帮我们协调,当事人是我的山东老乡,所以我也请了一位山东老乡做中间人帮我们调解,没想到投诉人居然说我找黑社会恐吓他,最终以退钱了结。总而言之,律师虽是"金饭碗",但不注意职业风险,饭碗随时可能被打烂,要长鸣职业纪律这一警钟。我担任广信君达律师事务所纪律委主任已有一段时间了,在这个位置上也意味着我要用更高的标准严格要求自己,避免出现职业风险,要成为整个律所在职业纪律方面的表率。只有严守职业纪律,青年律师才能够走得更远,走得更稳。

第八章

精选自孙俊杰公众号

一 | 做好专业化,是律师的生命线

与老师、医师一样,律师带有"师"字,也属于靠知识吃饭的职业。术业有专攻,法律知识丰厚,形成独特的优势领域,是律师专业化的内涵。

律师的专业化,应该从什么时期开始打造呢?我觉得律师行业"358 定律"的说法有道理,按照这个时间周期来打造专业化之路是可行的。其中,执业前三年可以考虑在团队从事授薪律师,不必拘泥于某一类法律业务,可以宽泛地接触诉讼与非诉讼业务,如同医院新入职的医护人员一样,每个科室都轮一遍岗,找找对法律职业的感觉。有的年轻律师一入行就扎进了非诉业务,没开过庭、没办理过刑事案件,导致连朋友或家人咨询婚姻法相关的问题,都答不上,我觉得是不应该的。执业第五年,就应该考虑把精力集中于非诉或者诉讼,结合自己的性格选择。性格活泼开朗、口齿伶俐、

善于思辨的律师更适合诉讼业务,性格内向、不爱社交、文静内敛的更适合非诉业务,这是我的粗浅看法。到了执业第八年,就需要精准地让客户知道自己擅长什么业务,需要具体到某一类别才好。

2022 年 2 月份,利用春节前后的时间,我和助手对过去十几年的案卷进行了整理归纳,再次对自己的专业方向进行了研判。在大数据面前,我到底擅长什么,答案显而易见。数据显示,在我执业的 18 年里,办理案件数量较多的有四类:公司业务(公司股权诉讼、公司法律顾问、公司并购重组尽职调查)、房产诉讼(一手、二手房产买卖合同纠纷,租赁纠纷)、经济犯罪辩护、离婚案件。

多年前,有位领导跟我说:"孙律师,你是政协委员、商会会长,你就负责把这些社会资源用起来,只管抓案源,不用办案子。"我笑着拒绝了这个提议,律师决不能脱离一线工作,不能离开法庭,每次开庭结束,在法庭门口拍张照片做纪念是我的习惯,我享受研究案情的过程。律师必须紧紧抓住专业化的牛鼻子,才能在当事人面前更加自信,在同行面前更有底气,才能得到一个满意的结果。

近五年,我一直带领团队在专业化的道路上探索着,不曾间歇,在房产交易纠纷争议解决、私募基金管理人备案及争议解决的专业化实践方面卓有成效。早在 2002 年刚来广东时,我在碧桂园集团工作的四年,每天工作就是处理房产交易纠纷的案子,跑得最频繁的就是广州市番禺区人民法院立案庭。每次到立案庭都抱着一二十件房产纠纷案件资料,当年几乎每个星期都要去立案。那时我只有二十多岁,立案庭有位戴着老花镜、五六十岁的大姐对我很友善。碧桂园工作时期,我站在开发商角度处理与业主之间的购房合同纠纷,2015 年,我担任广州仲裁委的仲裁员后,接手了大量的房屋一手、二手买卖纠纷,租赁纠纷等案件,我又从司法裁判者的角度看待每个案件,做出公正裁决。再到三年前,我开始担任广州市房屋交易监管中心的法律顾问,站在政府角度面对房屋交易的法律问题,站在行政机关公权力角度处理房产法律事务。在碧桂园、广仲、广州交监中心处理房产纠纷案件十多年了,我觉得在该领域的专业知识积累和庭审技巧锤炼,属于水到渠成。2002年房屋租赁纠纷案件井喷之际,我们团队的专业优势得以发挥,尤其是为番禺某工业园打赢了与租户的官司,为园区避免了近百万元的高额索赔款,获得了当事人的赞赏。

2022年,为了深化该领域的优势,我决定加强与平台的互动互通,先后走访了广州房地产中介协会、广州租赁协会以及加入了若干广州房屋中介行业的微信群。今年为中介协会做了一场直播,除了分享房产案件的心得体会,还在线解答了网友问题,取得了预期效果。

如果说房产争议解决法律事务的专业化之路是日积月累和水到渠成,那我在私募基金领域的专业化探索就是惊涛骇浪了。2016年的新三板挂牌法律意见书业务高潮过去之后,迎来了私募基金管理人备案的新兴业务。当时中国证券投资基金业协会要求全国的私募基金公司必须在2016年8月1日前完成备案,否则其私募管理人资格将被注销。私募基金公司需要提交律师签署的法律意见书,才能完成管理人备案,业内称为"八一大限"。当时很多私募基金公司都在找律师出法律意见书,具备此领域经验的律师很少,在强烈的市场需求下,很多律师参与了这块业务,价格也五花八门,我嗅到了市场机遇,马上组织力量启动了该业务。我安排团队的两位女助理小李和小白把60%的精力放在基金业务上,为了弥补知识短板,把基金业协会官网上所有关于备案的文件都打印了,每人一套,每天熟背。同时主动出击拜师,找了在北京的潍坊老乡许律师团队,只要工作中遇到不懂之处,立马连线他们的律师;我还与广州格林所一位基金律师建立联系,经常请教他。通过这些方式,我们迅速提升了基金领域知识,加之我的业务拓展能力,最高峰我们签约了十四项私募基金备案业务。我最难忘的有四家私募基金管理人:第一家是番禺基金小镇的一家证券投资基金公司,从 2017 年 2 月 14 日情人节委托我们,到我们完成法律意见书、协会批复备案管理人资格,仅用了六十个自然日,当时客户非常高兴,专程从番禺赶来珠江新城宴请我们团队;第二家是一家房地产公司,完全没有参与过基金业务,纯粹为了拿到私募管理人资格,我们也迅速完成了备案;第三家是天河城附近的一家股权投资基金公司,我们用半年时间协助他们完成了备案,遗憾的是他们拿到管理人资格后没能在半年内找到股权投资项目,被协会注销了管理人资格;第四家是北京的基金公司,这个项目让团队律师成长最多。当时客户资金已经募集完成,迫切地想完成管理人备案,但卡在工商变更的一个程序,后来跟北京工商部门沟通好了,缩短了变更时间,节省了费用,因为当时资金池的上亿元资金每天的财务费用很高。在推进该项目过程中,我们也被客户批评过,团队的助理也被骂哭过,但我们高效地完成了备案,最终收获了客户好评。

二 | 写文章和做演讲是律师的两个基本功

优秀的律师离不开做好文字工作,律师不是裁判者,一份好的代理词、报案文书、法律意见书,是能打动别人的。十年前的一个民事案件中,法官的判决书基本是按我的代理词来表述的。律师靠口才说服当事人委托我们,说服公检法接受我们的辩护意见或代理意见,说服当事人的对家接受谈判条件,从而完成当事人托付的工作事项。由此可见,能说和会写是律师执业的两个基本功。

结合我的实践探索,写文章的能力的养成,主要有以下三点经验。第一，强制自己定期发表学术文章。我对自己的最低要求是每两到三年必须在国家级法学刊物发表一篇法学论文。我一直有出书的梦想，我觉得能出书比能赚很多钱还要光荣，钱未必能流传几代人，书却可以传承千百年，这是一种文化，在岁月面前，文化之火生生不息。2021年，我在《中国律师》发表了一篇三千字的文章——《我国人脸识别保护立法探析》，以人脸识别为切入点论述了近年来我国在个人信息保护方面的立法探索，该文引用了英美、欧盟在此领域的部分立法动向，让读者可以更全面地了解国内外对人脸识别的立法动态。为了写好这篇文章，我先后整理了最高人民法院对人脸识别作出的最新司法解释、工信部等部委对人脸识别制定的行业标准、欧盟及英美对人脸识别的立法规定和国内外涉及人脸识别侵权的经典案例，涉及的法律文件近千页，稿子也修改了八次，还发给中山大学、华南理工大学、华南师范大学、广东金融学院等高校的多位法学院教授，请他们帮我修改，最终定稿。过程中，我感受到了学者朋友的不同风格，有的是客套一下，以鼓励为主；有的是尖锐批评，指出我写作的缺点，让我受益匪浅。凡是认真阅读并给出指导意见的朋友，都让我很感动。定期写文章，能提升自己的思考能力、逻辑能力，可以巩固论文涉及领域的法律知识，意义重大。第二，写作不仅体现在写文章上，还体现在司法实践中的日常法律文书。写文书要精雕细琢，文书完成后要多修改，不厌其烦地改。随着律师团队建设的提升，很多文书不需要我亲自完成，但在审核环节我会把好关，同时也学习团队律师的过人之处。我经常跟同事讲，我们的文书从手中出去，就是我们的劳动成果，代表着团队水准，要像对待工艺品一样，反复修改，精益求精。第三，个人公众号、小红书也是一个很好的练笔渠道。自开通以来我的公众号已有几十篇文章。我会把办案体会及时记录下来并分享，这是对自己写作的一种鞭策和鼓励。

关于律师的另一项基本技能——口才表达能力，我也一直在学习和磨炼。这方面，我很感激广东电视台法律栏目著名主持人孙愈老师。三四年前，我报名参加了她在广州海珠湖的湖心岛上举办的十人小课的口才培训班，学了一些基本功，受益匪浅，直到现在我也一直在请教孙老师。她尊重我的每一次咨询，用心教导。在重要宴会或演讲活动上的发言，我会托人录视频，然后发给孙老师，请她帮我点评。通过专家点评，我发现了自己的缺点，比如有肢体小动作，有时没有利用好扩音器。今年一次重要的演讲机会是我出席 YZ 企业家班的开学典礼，当时在一家五星级酒店的五百人宴会厅，场地很大。前面同学发言时音响效果不太好，所以我干脆放弃了用话筒，直接发言，但实践证明效果不好。后来孙老师告诉我说：特别大的宴会厅，必须使用扩音器，否则效果会大打折扣。录制抖音小视频时，我存在两只手手指不停动作的问题，自己完全无意识，通过录像才能发现问题。

大家要重视口才能力的提升，一个人能够领导团队，引领他人，哪怕是引领自己的家人，靠的是思想的传播，而思想是靠口才来表达的，应珍惜每一次日常发言机会。作为专业律师，还应珍惜举办法律讲座的锻炼机会。2020 年是《民法典》实施的第一年，我在二十多场的民法典讲座上担任主讲嘉宾，在律所评选全年"民法典宣讲之星"时名列第一。一年下来，自己的口才也提升不少。最难忘的一次是在广东省农业农村厅主办的全省农机版块的博士研修班讲课。头一天接到培训任务时还有点紧张，毕竟是给博士们讲课，但想想台下这一百人虽然是博士，却不是法学博士，倒也不用怕。第二天，我自信地讲完课，收获了阵阵笑声和掌声，达到了预期效果。也许有人会问我，怎样有动力一年讲二十多场法律课？我觉得倒逼式工作法很适合我，接到讲座邀请时大胆接受，先建立任务，倒逼自己准备课件，演练演讲技巧，提升演讲质量，最终达到提升口才的目的。

三 | 培养得力律师团队，合伙人永远不能松懈

培养忠诚、高效、团结的团队是每一个合伙人律师的梦想。我们团队的名字叫"石榴籽团队"，源于习近平总书记重要讲话中提到的"民族大团结要像石榴籽一样紧紧地抱在一起"，意在借名字寓意强调团队团结。团队名称目前尚未对外公布，仅是内部使用。团队有执业律师七名，其中合伙人律师三名，博士一名，多数毕业于中山大学、中南财经政法大学、西南政法大学等国内知名学府。团队律师专业化分工程度较高，既有取得刑法博士学位的高校讲师兼职律师担任过法院刑庭审判员经历的合伙人律师，又有建筑工程专业律师、公司股权及房产专业合伙人律师、行政法律师等人才。团队达到今天的实力，经历多年沉淀。

2009年，我刚加盟广信君达的前身广信律师事务所时，聘请了广州司法学校的中专生小刘做兼职助理，这是我第一次请助理。小刘聪明机灵，平时不需要坐班，每月来律所几天，帮我处理一些文书，那时一个月给他几百块补贴。时间过去很久了，小刘离开了律师行业，现在在深圳发展，我们还保持联系，如同兄弟一样。

2012年，律所搬到广州银行大厦后，我有了正式的律师助理，但只有一个助理。大约在2014年，律所当时的执委会主席、现在大成所任职的张律师提醒我：最少要请两个助理，设A、B岗位。他分享了其中缘由。我开始聘请两个助理。那时团队整体业绩一般，又聘请两个助理，所以每个人的待遇都不高，导致人员流动性高。后来逐步改善，我也改变了思路，工资方面必须有格局，才能请到有能力的人。

2014 年至 2019 年的六年里,团队中授薪律师的搭配逐步实现了升级。由开始的"合伙人＋青年律师＋实习律师"升级为"合伙人＋青年律师＋青年律师"的模式。随着业绩的提升,团队服务的客户越来越多,我发现团队清一色的青年律师带来了专业经验、谈案气场不足的弊端。于是我一直在物色一个执业五年至十年的资深律师,在团队内起到承上启下的作用,对接客户时,团队也更有层次感。寻觅这位伙伴的过程,可谓漫长而曲折。2021 年,从无数份简历中选到了现在的李律师,西南政法大学毕业,执业八年左右,曾在贵州某地区担任中小型律所副主任,无论从专业经验还是社会阅历来看都能独当一面。从 2012 年成立至今,历经十年,团队终于实现了再次升级,从"合伙人＋青年律师＋青年律师"的搭配升级为"合伙人＋资深律师＋青年律师"的模式,这个搭配中的青年律师也已经入职广信君达三年以上了,承担了团队一些法律顾问常规业务和普通诉讼案件的任务,完成了大量的基础工作。

团队搭建好了,我终于有了稳固的大后方,有更多时间思考团队的战略发展问题和大客户的开发与维护、法律服务产品的创新等重要事务了。

四 | 守住职业操守,做有良心的正义律师

近年来,律师人数发展迅猛,尤其是北上广深等一线城市,仅仅广州在 2022 年就已经达到两万人有余了。律师们争相提升专业化、加大宣传力度打造知名度的同时,守住职业底线,更是行稳致远的基石。我们应时刻牢记律师的使命——"三个维护",维护当事人合法权益、维护法律正确实施、维护社会公平正义。

2004 年,执业的第一年,一件刑事案件深深地震撼了我。当时

一个山东小伙子在顺德北滘陈村的夜总会看热闹，一群人殴打一个香港人，他凑热闹也打了那个香港人一拳。事后行凶者一哄而散，而小伙子觉得自己没做很出格的事情，就没跑，被来出警的公安逮个正着，他被刑事拘留。会见他的时候，一个身高一米八几的壮汉，居然扑通一声给我跪下了，说家里还有年迈的父母，让我一定救救他，帮他做无罪辩护。那是我第一次感觉到职业的伟大之处，可以拯救别人的自由，一种责任感油然而生。我暗下决心，一定要好好辩护，做一个良心律师，接受了托付就要全力以赴。

执业近二十年，我一直秉承实事求是这一基本原则处理法律事务，但也遇到过颠覆我认知的场景。大约十年前，我代理番禺钟村一家电镀设备厂与福建泉州某公司的债权债务纠纷。案件案情很清晰，泉州公司拖欠了设备款，但其委托代理人居然在法庭上矢口否认，让我大跌眼镜。无论给多高的律师费，我都做不到把无说成有，把有说成无，那样对不起自己的良心。

2020 年，我曾接待过一批海珠区的商场租客，他们来律所咨询我能否帮他们起诉商场，以疫情为由要求解除租赁合同，拿回押金。分析了案情后，我坦诚地劝他们：虽然有疫情，但你们所从事的行业不是政府明确要求必须关闭的电影院、舞厅等场所，只能申请减缓缴纳租金，不能要求解约。我把法条给他们看，明确依据，我婉拒了这个代理案件。当事人跟我说，我是有良心的好律师，换了别的律师可能就先把钱收了，打不打得赢官司那是后话，尽管这次没委托我，但以后只要需要律师一定优先委托我。

2021 年，我办理了省内颇具影响力的温某某投资的某集团涉嫌艺术品拍卖合同诈骗罪一案并担任一号被告人温某某的首席辩护律师。在这个案子中，温某某妻子一方与其父母兄弟一方对家族资产处置有不同意见，我需要在会见温某某后妥善传达有关家事的安排，且不能激化家族内的矛盾。同时，该犯罪集团涉及几千名受害人及上万件收藏品的处置，又是社会维稳问题，我需要和公安机关保持良好沟通，协同家属妥善解决赔付、艺术品退还问题。其间还有受害人直接联系我，有诉苦的，有诱惑的，人生百态得以感知。总之，该案既要从专业角度为当事人提供罪轻辩护，又要协调处理被告人家族的关系、受害人善后事宜等，颇为考验我的能力。从专业技术角度来看，此案的辩护取得了良好结果，同时能顺利结案，一个重要原因就是我始终保持正义之心。

五 | 每年更新一次通讯录朋友圈，培养一个新习惯

我是一个微信迷、抖音控，以前我喜欢刷朋友圈，看朋友们分享各自精彩的生活、工作，后来痴迷到每晚睡觉前都要把朋友圈刷完才睡，这给我带来很大困扰。曾经有朋友跟我说，如果把这个时间用来学一门外语，估计已经八级了。之后我果断关闭了朋友圈自动弹出功能，生活就清静多了。最近半年我比较痴迷短视频，每天都会多次登录微信小视频、抖音短视频，浏览我感兴趣的资讯，比如最近很热门的台海局势、演讲与口才的技巧、团队管理知识、育儿经验、职场技能、寻医问药。这些都让我受益匪浅。我还关心我拍摄、发布的法律短视频的点击量，流量好会让我拥有一天好心情。法律短视频的流量并不是我做微信短视频和抖音短视频的目的，而是为了将微信好友转化为我的有效客户。平时我会分类微信客户，比如诉讼客户，会备注"诉"字，第二个字是"刑""房产"或其他，用以区别诉讼类型，之后才是客户名字及具体案由。对意向客户，我会备注"潜"字，提示自己这是潜在发掘的意向客户；对业务渠道，我会备注"渠"字，提醒自己定期与渠道朋友沟通，让他们能记得我，从而源源不断输送案源；对在各种微信群加到的不是

很重要的好友,我会备注"群"字。

律师应该每年更新一次自己的圈子,微信也要定期梳理和清除部分好友,每次参加沙龙或法律讲座,一定会有扫码加好友的陌生人。年底,我会专门用一两天时间来整理自己的通讯录,清理一部分微信好友,主要清理以下三类:看到微信名字完全记不起对方长相的、从来不点赞我朋友圈的、备注为"群"字开头的陌生人。当然以下四类是我一定不会删除的:法学院的教授、公检法的朋友、医生、担任广东潍坊商会会长后认识的潍坊市的政府官员。

除了每年更新朋友圈,我还要求自己每年养成一个好的习惯。这两年我主要养成了两个新的习惯,一个是炒股和买基金,另一个是海钓、健身,最近的新习惯是撰写个人公众号的文章。

第一个新习惯是从 2020 年开始的。因为一直有好朋友提醒我,律师行业虽然收入高,但也属于不劳动就没收入的行业,而我们现在已进入中年,一定要学会用钱生钱。朋友告诉我,最理想的状态就是自己算一下一年下来刷信用卡、零花钱各是多少。比如每月要刷两万的信用卡,那一年就是 24 万,如果炒股买基金的被动收益能达到 24 万,工作压力就不会太大了。我觉得颇有道理,所以开始学习炒股和买基金,从小白开始,到现在一晃两年了。开始也闹过不少笑话,比如晚上睡觉前才买基金,或赎回基金时份额只填了一份,结果等了好几天收到一块多的赎回款;比如盲目相信各种所谓的股评专家,然后春节时等待开年行情、开年后等待两会行情、两会后又等待新的行情,结果什么也没等来。好在我运气好,炒股两年了,拿到了 10% 以上的收益,不过浪费了不少工夫,无聊时看看股市倒也是一个解闷的法子。

第二个新的习惯是海钓和健身,这是我的好朋友冉律师带我"入行"的。第一次海钓就给我留下深刻印象。茫茫大海上,手机没信号,终于可以放下手头的工作,追逐鱼群的一整天里,顾不上考虑日常的工作、生活烦恼，只有一片碧海蓝天，让大脑和心灵尝试一次归零，回到工作场景后，以更好的状态开始新的奋斗。2020年1月的一个晚上，在律所加班时发生摔跤，我开始意识到运动刻不容缓，当时体重达到史上最高的189斤，过度肥胖让自己经常感到疲惫、记忆力衰退以及胸闷，所以我下决心减肥。2021年是减肥效果最佳的一年，体重最低时160多斤，人精神很多，全身轻松很多。2022年以来，有点松懈，立秋后，天开始凉了，要加大运动量了。健康实在是太重要了，身边有财富、有地位但英年早逝的例子不少，一定要引以为鉴。

最近开始坚持的一个习惯是开通个人公众号后不断创作。我给自己制定的小目标就是出一本书，将平时的灵感及时转化为文章，是通往"出书梦"的阶梯。我相信只要日积月累，一定会挑选出优秀的稿件，机会成熟时结集出版，为自己的后人留下一份精神遗产。

六 | 高端客户的挖掘及维护攻略

高端客户都不乏律师资源，所以想"征服"他们，是件难事。以下六点可以帮助年轻律师发现高端客户并努力得到他们的认可：一是大大方方地相处，不要拘谨，不管在什么场合，不管客户多大牌，把他当普通人看待，克服拘束感带来的负面影响；二是特别注意细节，展示自己的格调，着装应尽量商务、专业，佩戴品牌手表，手机、电脑也尽量用主流品牌，这些属于生产工具，在条件允许时尽量一步到位进行添置；三是做好知识储备，自然地流露法律功底，很多时候，谈案子时的一句话，当事人就能感知你的专业度；四是要展示自己的多才多艺，发现共同爱好，与当事人进餐时，可以展示一下渊博的知识面,这需要日常的广泛学习和阅读,包括但不限于文学、美学、金融、房产、历史、地理、国际、军事、政治学、哲学;五是尽量不出工作差错,服务客户时,这一点非常关键,律师也不可能每个官司都打赢,处理遇到可能败诉的案件时,就要充分披露可能败诉的预期,若客户仍然选择委托你,即便败诉也不会怨恨你;六是处理好与客户家人的关系,企业家与律师合作一二十年后,他们也会进入退休阶段,要搞好和二代接班人的关系,这样才能让合作一代一代传承下去,重要节日的问候是不可缺少的,此处不再赘述,礼物不需贵重,但要用心且有格调。

七 | 一个抖音咨询成功签约的经验分享

近日,新签了一个陌生客户的委托,处理一宗借贷纠纷二审的案件。案件虽小,亮点颇多,记载下来,咀嚼回味之。首先是案子的来源,客人打电话给我,然后加微信。后来才知道,原来是抖音客户。这就是客户委托律师方式的变化,慢慢往互联网迁移,通过互联网找律师,而不是通过熟人推荐。我的抖音粉丝量帮了我,客户选择律师时会比较律师的粉丝规模,以此作为判断标准。再者是案件的成交技巧。我看了一审判决,觉得上诉难度颇大。如果直接拒绝了,客人对判决不服气且心有不甘,同时对律师而言,无法实现业务量的转化,那么律师能做什么呢?我的方案是进行代书业务合作,我们为客户提供法律咨询及上诉书代书服务,这是一个两全其美的安排。遇到陌生客户,通过一个小额订单的合作互相熟悉,说不定后面会有更大的合作机会,后来这个案子我又收了几笔律师费,果然这个客户是慢热的。

案件案情比较经典。原告甲是刚服刑满三年出狱的罪犯,在被捕前夜用 POS 机套现 50 万给乙（本案第二被告），乙拿到现金后给了丙（本案第一被告）40 万，自己留了 10 万。丁是原告甲的朋友、丙的老公（夫妻关系恶劣），与甲是同一个刑事案件的共犯，比甲刑期短一年，所以出狱早一年。出狱后，丙、丁离婚，丁为了防止原告出狱后找自己和老婆丙要 40 万，在丙、丁离婚之前，丁逼着丙签署了一份欠条，内容写着丙借款原告及丁 40 万元，分 N 年还清。现原告起诉乙、丙还钱。法院一审判决乙不用还钱，因为没有任何证据证明乙收了 10 万款项，判决丙还钱，因为原告出示了欠条。丙觉得委屈：一是原告没有任何银行流水证明给过丙钱；二是丙写欠条是为了离婚被逼着写的；三是自己为了离婚在夫妻财产分割上已经做出很大让步，但现在丁又给自己挖了这个坑；四是凭什么乙不用还钱，而自己要还钱。

还有一些案外的故事。我和客人丙聊天时，丙说丁是人渣中的极品，让我颇为愕然。原来，丁通过朋友认识丙，婚后好吃懒做，还多次家庭暴力。三年前，丁因为实施诈骗而入狱，出狱后居然还勒索了一笔离婚补偿金才同意丙的离婚诉求。我说："之前只听过女方向男方要补偿金，还是第一次听说男方向女方索要补偿金。难道您有过错吗？出轨了，还是有其他过错？"丙说只是为了摆脱丁。我表示了赞同。人生短暂，及时止损吧！

八 | 非典型离婚咨询案例带来的思考

一周内，我接访了三宗婚姻咨询的当事人，遇到五花八门的案情，离奇的故事让我唏嘘不已。家庭是社会的单元，我希望所有家庭和睦，这是社会稳定的基石。

第一个 PUA（指在一段关系中一方通过言语打压、行为否定、精神打压的方式对另一方进行情感控制）案例是借交换妻子的方式对配偶进行精神控制。

来访者是广州市番禺区的一位女性企业家，她精神状态很不好，我问发生了什么，她说跟老公共同创业开公司，公司发展不错，一年有七八千万业绩。但近来老公在公司财务方面架空她，还有背叛感情的嫌疑，还给她找男朋友。在我的再三开导下她才说了实情，原来她老公经常带她做这种变态的事情，其实她不享受这个过程，纯粹是满足老公的意愿。我说："案情聊到这里，跟我刚见你时的研判有所不同，开始我以为你们夫妻都是出轨过错方。现在看来，其实你是受欺凌方，为了满足老公的变态心理，你的心灵受到伤害，如果提起离婚诉讼，你的过错小于老公的过错，不要担心。"她吐露真相后，明显轻松了很多。坐在身边的亲姐姐也终于明白了，原来自己妹妹这两年性格怪异了一些，是因为这件事。其实更为可怕的是，丈夫这种变态行为让妻子陷入抑郁后，居然得寸进尺，指责妻子精神有问题，跟妻子的家人散布这种舆论，还说要带妻子去精神病院，搞得妻子真的怀疑自己精神有问题。这种精神控制手段是不光彩的，我鼓励这位女性企业家勇敢说不，坚决反对丈夫的污蔑。如果丈夫不思悔改，应早日启动离婚诉讼，依法分割财产，走出人生的低谷区，开始新的生活。

九 | 赢得客户信赖就是靠一个"诚"字

律师行业内卷严重，无数律师每天忙着追逐案源，妥妥的乙方心态，每天以当事人为尊，他们笑就开心，他们投诉，就郁闷，以至于轮到我们做甲方时，居然有种不适应感，心态颇似媳妇熬成婆婆，做媳妇时受了不少委屈，熬成婆婆时，就漫不经心地对待媳妇了。

最近我接触的两个电商平台,分别是百度百科和抖音这两大名企的第三方机构,给我留下了深刻印象。我从一开始的不着急到后来发现需要他们,再到越来越需要他们并主动催着签约付款。他们从若干家供应商中胜出,我觉得主要是他们的用心服务,赢得了我的信任和托付。

第一家赢得我认可并签约的是百度百科的第三方机构 A 公司。我一直同时接触 A 公司和 B 公司,B 公司的工作人员例行公事,把一堆需要我准备的律师简介、证明文件清单发给我,我一直没空整理,所以进度一直停滞不前。而 A 公司的做法是,除了按部就班地把需要我准备的文件清单发给我之外,还关注我的微信朋友圈和相关动态,恰到好处地提醒我推进此事。更让我感动的是,在我一直无暇整理百科文案个人简介的情况下,该公司的工作人员直接整合编辑我律所官网的个人介绍以及我提供的简介,形成了百科文案初稿。在此情况下,我再不做就有点不好意思了,所以我抓紧完成了补材工作,并与该司签约、付款。这件事给了我很大的启发。有时在同行的竞争中胜出只需要多做一点点,A 公司多做的这一点点也并不难。

第二家赢得我认可并签约的是抖音第三方 MCN 机构甲公司。当时我的抖音运营方是乙公司,合作期将满正在考虑跟乙公司续约。我也很纠结,既想续约又想尝试一下甲公司。如果说 A 公司靠的是体贴服务赢得我的信任,那么甲公司则是靠长达九十天以上对我抖音号的关注和对抖音相关技能的无偿指导而胜出。与我第一次接触后,甲公司始终关注我抖音号的运营状况。当我几天没更新时,甲公司会提醒我及时更新;当我更新得不够规律时,也会提醒我要注意规律性;当有新的热点法律事件时,会提醒我及时作出评论;还会给我分享一些抖音相关技能,比如抖音标题的写作要求是什么;还推荐我多做抖音法律直播以提升粉丝量,等等。最近一件事让我印象深刻,正是这件事让我决定跟甲公司合作。前段时间,我的抖音号被限流了,我很苦恼,向跟现在合作的乙公司反映后,并未得到准确的分析答复,只得知某一条短视频存在营销字眼。而当我咨询甲公司时,其答复说某年某月某日我发布的某一条短视频里面提到了"淘宝"二字,属于涉嫌营销,我恍然大悟。另外,在被限流的十天里,甲公司提醒我及时发布生活视频,以满足抖音的解禁规则,后来过了十天终于顺利解禁了。甲公司前期的持续关注和指导,以及最近的助我解困,让我感受到专业性进而留下了非常好的印象,最终赢得了订单。这也是值得我思考和学习之处。

以上两个故事,是最近接触的令我难忘的两家供应商的真实故事,让我在如何赢得客户方面得以换位思考。只有赢得客户的内心,才能赢得客户的订单,从而在内卷的时代胜出。

十 | 青年律师常见被投诉类型分析及应对技巧

当下,青年律师执业环境与二十多年前不可同日而语。2000年,我刚从济南毕业时,在山东潍坊昌邑市法律服务中心实习,法律从业人员被老百姓视为"准官员""干部",前来咨询法律问题都是毕恭毕敬的。这体现出社会对法律从业人员的尊重和敬畏,当事人没有投诉律师的想法。

当下,律师不再是神秘的职业,而是一个典型的服务行业。有法律需求的老百姓,既会慕名而来,也会货比三家,更会"质量监督"。仅广州一城,目前就有近两万律师,律师不再是稀缺资源。2009年广信所还在广州交易广场办公时,一栋大楼里有好多家律所。有一个当事人从一楼一直咨询到十八楼,想必他在"扫楼"的过程中,深刻感受到了律师之间专业度的差距,肯定会货比三家,择优选用。选用之后,还会对律师的服务进行评价,评价过程中自然有好评、差评,有的当事人会把差评反馈到律师协会、司法局,这就是对律师的投诉。

我从业二十载,也受到过恶意投诉,也观察了一些受到投诉的同行,总结归纳,主要有以下四种常见被投诉类型。第一种是管不住嘴巴的行为。在法庭上太感性,导致不能管理好情绪,对对家或者法官"爆粗口"的或是责骂当事人的;为了谈下案子,对当事人夸下海口,对案件结果做虚假承诺,吹嘘自己跟公检法有私交可以勾兑;发表危害国家安全言论或是在当事人面前贬低同行。第二种是管不住贪念的律师行为。为了规避律所开票所计提的管理费、依法应缴国家的税费,偷偷私下收费不开发票;跟当事人吃拿卡要;抵抗不了利益诱惑被对家当事人收买的。第三种是管不住惰性的律师行为。签约后不积极履行职责、消极怠工,甚至因管理不善丢失当事人证据;甚至还有律师忘记开庭时间;近年来这种执业不勤勉尽职的行为遭到当事人投诉的数量一直居高不下。第四种是管不住边界的律师行为。办理刑事案件时敢收当事人 200 万承诺捞人出来,不拥护党的大政方针,律师无故做公民代理,逃避监管私刻律所公章,办理刑事案件协助串供,八小时外故意犯罪(包括醉驾),违反社会伦理道德行为。

当事人对律师的投诉是零成本的,即便是恶意投诉,最多就是投诉不被立案,但却会给律师带来心理阴影。实践中发现,当事人在投诉过程中常用的取证方式包括但不限于律师与当事人的微信对话、微信群的聊天记录;还有对与律师的通话进行录音并在对话中套话,我还见过当事人用套话方式套出律师自认忘记了办理某件工作,耽误案件推进,然后转头到律协投诉的情况;也有当事人对律师违规行为录制视频、拍照片并以此作为证据向主管部门投诉。

律师在与当事人合作的过程中，如果确实存在违规行为，应该积极面对，切忌逃避躲闪，否则只会让冲突升级，也会让对方更加有恃无恐，同时在案结事了后深刻反思，避免再犯。如果律师工作不存在瑕疵，我也主张适当退费或补偿当事人，以求息事宁人。如果律师工作不存在瑕疵且当事人存在违约、侵害律师权益行为，应及时拿起法律武器。我对三个案件的当事人提起过仲裁，后来均通过法律途径追回了律师费。

总之，律师职业未来会面临越来越懂法的当事人、越来越内卷的竞争、越来越严的行业监管，这决定了我们必须提升专业化。获客、签约、承做、售后服务都需要精细化作业，从而提升个人、律所品牌的美誉度。

十一 | 参加一场合同诉讼案庭审的点滴感触

近日，一起购销合同纠纷案在佛山南海开庭。案情并不复杂：A 公司采购 B 公司设备转卖给 C 公司，另有 B 公司的竞争对手 D 公司。庭审中的几个细节给我留下了深刻的印象。

一是庭审时间进度效率太低。下午两点半开庭到晚上八点结束，足足开了五个半小时。其中除了书记员的电脑系统几次失灵外，更重要的是在对我方证人出庭的质证环节，对方代理人足足发问了四十分钟，前后一二十个问题，而且是一些琐碎问题，多数与案件焦点无关。在此情况下，法庭上无人管控进度。我平时担任仲裁员，审结一个案子基本上不会超过一个小时。庭审高效主要靠裁判者主导，要掌控双方的发言时间和节奏，归纳辩论焦点，给诉讼参与者辩论的主题。

二是我方当事人对案件的重视和对代理人的尊重让我们很受鼓舞。当事人是一家新三板挂牌企业高科技股份公司,实力不错,当事人是第一次聘请我们,团队安排了最强的力量来承办,从接案到准备证据应诉,前后投入不少时间。开庭当天,董事长亲自开车陪同开庭,而且安排得很贴心。下午两点半开庭,我们上午十点就出发了,午饭后还安排了钟点房供律师休息,确保下午有充沛的精力应战。

三是对方提交的证据对我的启发。职业经理人要严以律己,工作中面对生意伙伴时摆正立场,处处忠于自己的企业,否则,一句微信对话也有可能让企业惹火烧身。本案是作为被告的我方当事人收货后因不满质量而拒付设备款的纠纷,原告千方百计举证设备质量合格。该设备的实际使用人业主方 C 公司向 A 公司提出过大量投诉,但没想到 A 公司业务经理和 B 公司人员的一段微信对话成为 B 公司的有利证据。这段对话中,B 公司人员说是公司的竞争对手 D 公司暗中挑唆 C 公司发起投诉,A 公司业务经理也附和了一句:"是的,他们就是在找茬。"这句话被原告作为被告指控质量不合格的回应。原告在法庭上说:"你们自己人都认为根本不是我们的质量问题,明明就是业主方和竞争对手串通的恶意投诉。"这样一句话,是否可以证明业主方的投诉无效呢?不论如何,企业的职业经理们,与生意伙伴交流时一定不要做不利于公司的表态,否则会造成不好的影响。

四是各方并未把控好本案辩论环节焦点。本案辩论环节,裁判者未归纳辩论焦点,而原告被告也未对焦点达成共识,大量时间消耗在争辩验收问题上了。作为基础证据的购销合同中约定签约就付款 30%,送货当天签收后七天内结清尾款,合同未约定验收是付款的前提条件,这个约定对被告来说是不利的。结合此约定,我认为不应过多争辩验收流程细节,而应讨论该合同付款条款的公平性。以商业惯例推翻合同中关于签收后七日内结清款项的约定:设备需要使用一段时间才知道质量如何,而不是送到了立马付款,从这些角度入手说服裁判者,对我方拒付款项给予理解。

十二 | 我国台湾律师业考察行记

2014 年 6 月,本人随广州企业家台湾游学考察团赴我国台湾考察学习,中间抽空访问了台湾两家律师事务所,分别是台湾理律法律事务所和台湾家和国际法律事务所。

认识理律法律事务所的合伙人是极为偶然的机会,考察团在台北受到了由我国台湾著名上市公司组成的社团机构"台湾三三会"(由台湾排名前四十位的上市公司老总组成,固定于每月第三周的星期三聚会联谊,因此得名三三会)的热情接待,用餐时认识了理律所合伙人,到他们的事务所考察也就顺理成章了。

理律的历史非常悠久,创所合伙人是李泽民律师、李潮年律师,律所 1940 年成立于上海,1953 年迁到台湾,初期仅二十多人,主要承办跨国法律事务和知识产权业务。经过七十多年的发展,目前已经成为台湾最大的律师事务所,拥有员工 700 人,150 名执业律师。

理律以关怀、服务及卓越为核心价值,广纳优秀人才、重视经验传承、强调专业创新、发挥团队合作,以实现永久经营为宗旨。

理律代理的客户已经超过一万家,其中持续合作十年以上的超过一千家,还有部分是服务三十年以上的老客户,连续多年获评台湾最佳法律事务所。

专业分工方面,自 2005 年起,理律在公司投资、金融及资本市场、知识产权、诉讼部四个部门基础上，建立了兼顾效率及专业分工的专业分组架构，共 21 个专业小组：银行、资本市场、保险、金融及资本市场争端处理、公共投资、并购、税务、劳工、医疗药事、公平交易、不动产及建筑、政府契约、通信传播、公司投资争端处理、专利申请及相关维护、专利权行使及相关争议处理、商标权、著作权、商标著作权争议处理、刑事法、个人资料保护。同时，建立了三个跨部门跨领域的工作小组：我国大陆业务工作小组、日本业务工作小组、争端预防处理工作小组。

在分所布局方面，理律设立了新竹事务所、台中事务所、南部办公室（含高雄事务所和台南事务所）。同时，为了推进大中华区的业务，与上海律贤律师事务所、北京律盟知识产权代理有限公司建立了联盟合作关系。

目前该所的律师收费方面，执行合伙人的小时费用为 16 000 元台币，合伙人的小时费用为 9 000～15 000 元台币，顾问律师及初级合伙人的小时费用为 8 000 元台币，普通律师的小时费用为 5 500～7 000 台币。

在专业化方面，每位律师最多可以选择五个专业小组，实习律师的月薪为 40 000 元台币，实习结束正式执业后首年为 50 000 元台币。在专业小组里，由合伙人带新人。每个小组每年需要编制预算，用于专业化期刊的投稿、出书（不一定每年出）、研讨会。

在内部管理方面，没有出资合伙人和房间费，工作时间为早上九点至下午五点半。为了调动员工积极性，每年春节前的一个月内，组织新秀奖和理律人奖的评比，除此之外，还有在理律所执业满十五周年的奖项。该所还定期举办辩论比赛，并形成了制度化。由于律师所名气大，人员多，同样面临严重的业务冲突问题。

在业务拓展方面，该所以国外客户为主，因此与国外的大律师所保持友好关系，经常参加国际性律师行业年会，如知识产权、并购方面的年会。该所还参加了外商在台商会。

离开理律所时,该所的律师同行告知我国台湾制定了鼓励在大陆创业的台商回台湾上市的政策,希望我能帮忙推荐,我愉快地答应了。

台湾家和国际法律事务所,是一家很有特色的个人所,只有一位股东郭律师。这家律师所是我在台北酒店住宿时翻阅台北黄页发现的,之前我觉得电话黄页在当今社会已经没人看了,所以我做业务推广计划时没考虑过在电话黄页上投放广告,但这次在台北的电话黄页上还是发现了五家律师所的广告,值得借鉴。

该所执业律师不足十人,实行完全的公司化管理,分为诉讼部和非诉讼部两个业务板块。诉讼部又有民事诉讼和刑事诉讼两个分支。

在我国台湾,劳动纠纷、婚姻纠纷是允许风险收费的,这一点与大陆有较大差异。台湾律师的小时费率起步价为3000台币。民商事案件一个审级收费的上限一般不超过50万台币。

关于助理的培养,在我国台湾做律师,取得律师证的第一年月薪为50 000元台币。在家和所,执业前三年的授薪律师不实行绩效薪酬制度,但如果有的律师像"小财星"一样可以带来案源,主任律师可以适度给予律师5%~10%的律师费作为奖励。在保证队伍稳定性方面,郭律师也分享了她的管理经验,合同期方面一般约定为两年一签,同时约定了律师提前解约的赔偿金为30万台币。有了制约机制,一般情况下,授薪律师会比较稳定,不会见异思迁从而影响队伍。

我还请教了家和所在法律顾问方面的经验,郭律师回答台湾律师有一半的收入来自法律顾问,这是一笔可预期的收入,相对于证券业务、诉讼业务的偶发性,还是有吸引力的。台湾律师做公司法律顾问的起步价一般为30 000元台币,郭律师接受此项业务的起步价为 50 000 元台币。她在签署法律顾问时,一般约定每年提供 20 小时的免费法律服务时间,超过后另外计费。在法律培训方面,如果公司安排听课人数较多,是会收取培训费的。在律师税负方面,我们也进行了交流,我国台湾律师和广州律师基本情况一样,都是存在核定征收和查账征收两种情况,主要看具体税局和单位的情况而有别。

在郭律师的政治资历方面,我了解到她担任了一些法律顾问,她可以利用这些身份的影响力促成一些业务和协调解决一些问题。

十三 | 俊杰龙年美国见闻录

北京时间 2024 年 8 月 3 日,我搭乘的香港国泰航空 CX873 航班自美国旧金山国际机场抵达我国香港,结束了为期十三天的访美之旅,此行收获是全方位的,经过一天休息,身体恢复后,我整理了心得体会。

(一)认识新同学,扩大朋友圈,律师同行是最好的老师

同行者律师共四十余人,来自北京、河北、河南等 18 个省份,律所品牌分布上有大成、盈科、金诚同达、德和衡等全国性律所,也有广东广信君达、福建信实、浙江京衡、安徽徽商、上海申浩等本地头部律所;年龄上既有 60 岁以上的退休律师,也有 90 后律所新锐;执业阶段上有执业 20 年以上的资深律师和律所管理层,也有执业 5 年左右的优秀青年律师、律所传承人。同学都很低调,十几天相处下来才知道原来都十分优秀,比如济南的嘉怡律师,一个文静寡言的年轻女律师,看了简历才知道是从山东高院出来做律师的,办过很多过亿元案件;还有山西晋城的陈律师,一个身材娇小、活

泼机灵的年轻女律师,连续多年荣获晋城市优秀律师,从她朋友圈置顶页才看到这些光辉事迹;上海申同所的汪橙律师,香港中文大学高材生,才三十出头已经成为律所传承人,进入创始人的重点培养对象,行程中她还分享了律所的工作日首单开单的律师赞助下午茶制度、律所传承人制度(很多大所都没有注重后备干部的传承培养导致人才不断流失然后挖人才的疲惫循环)、律所零钱箱互助金制度,都非常值得借鉴;青岛德和衡的吕律师,分享执业经历时我得知人家一个案件就可以收取数百万的代理费,谈案能力和创收能力十分强大;唐山的景律师分享了开庭时带电脑并针对对方法条真实合法性的快速研判策略;成都的刘律师,不仅律师业务成功,今年还注销了律师证,创业做建工企业董事长了,一年光付出去的律师费都要近千万元,一跃成为了律师的甲方;还有成都的明月律师,分享了团队内部鼓励会制度,让团队成员之间充满感恩,这也是非常值得借鉴的。有缘分的是,启程美国前我在遵义出差,刚建班级群,就注意到有一位遵义胡双林律师,遂前往这家精品律所学习参观,开阔了眼界,还留意到一位兰迪所新加坡办公室的蔡主任,刚好我的好朋友七月中旬去新加坡旅游,所以我出面麻烦菏泽老乡蔡主任安排了机场接送,没想到素未谋面的蔡主任帮我安排妥当了,让我提前享受到了同学情谊带来的福利。

　　十几天的游学中,我与室友李玎主任也成了好朋友,他热爱运动、讲话风趣、彬彬有礼,每次从大巴车下车时,都是很礼貌的让我先下,分享一次性袜子、益生菌给我,每天抢着付房间的美元小费,他还经常在大巴车上分享小零食,很受女生的喜欢。

　　北京的李革新主任为班级融洽做了贡献,行至纽约华尔街,李主任个人宴请了全班同学,同学们感到很暖心,纷纷称赞他的大方。班级分五个小组,我的组长是来自江苏南通的律所创始人时海明主任,在我连续喝了几天冰水腹泻时他给我肠胃药,我很快康复,他的分享精神很强,只要有机会就与大家分享他的业务经验,我学习到很多营销方面特别是如何招聘营销专干的绝活。班级中还有几位"运动健将"也深深激励着我多运动,合肥徽商所的李连连执行主任、福建信实南平分所的朱主任等几位同学都是每天早上六点准时晨跑,体现出了极高的自律精神。

研讨中,我提出了团队管理的一些疑问,得到了浙江京衡所王建业主任的积极回应,他分享了多条可行性强的锦囊:拟定团队三年规划、吸纳新成员、全员培训、如何对待个别员工等。行程中,主办方还关注同学们的生日时间,恰逢三位同学过生日,大家一起庆祝,班级凝聚力进一步加强。上海申浩所文律师,对我的短视频运营比较感兴趣,到达华盛顿后,她和想做好小红书自媒体的姐姐跟我见面,交流自媒体运营的策略,我毫无保留地分享两年多来运营自媒体的经验教训,也有幸认识了文律师在美国的亲人,交流中发现文律师也是一位伟大的母亲,此行带着女儿一起走进美国,感受美国法律熏陶,事实证明也起到了效果,她的千金在行程结束时表态要立志做法律人。刚好她千金刚读完高一,我女儿下个月读高一,所以我也请教了高一开学前的注意事项,文家千金分享了如何克服开学焦虑、开学前要预习、利用蒸汽眼罩促进睡眠等事项,很有帮助。

短短十几天,同学们同吃同住同课堂学习,加上主办方的破冰环节、住宿酒店夜聊活动、旅途中的巴士课堂律师业务"一招鲜"交流分享环节、DAY 币互赠环节等有意义的活动,让我们建立了深厚的感情,已然是一家人一般,相信大家会成为一辈子的挚友,互相陪伴,共同变老。

(二)踏进美国高校,近距离感受美式高等教育

访美游学的第一堂课在哈佛大学,查尔斯河流经学校附近,还没到学校就看到这条河,很多帆船在训练,"近山者智、近水者灵",

这条河让大学充满了灵性的感觉。哈佛大学的校园绿化很好,在法学院的门前第一次看到了松鼠,当时我们很兴奋,后来发现因绿化好,美国高校处处都是松鼠。哈佛的课程是律师商业谈判技巧,授课老师是 Myar White 教授,她同时拥有法学和心理学博士学位及律师牌照,课堂上她分享了可口可乐公司饮料索赔案谈判等很多案例,增加课堂的互动性,通过这些案例,我们认识到律师处理商业谈判项目时应该注意:一是关注对方诉求;二是常见的谈判失败情形包括只关注自己单向输出及取胜欲望、只注重眼前达成协议不注重长期关系等;三是想取得谈判成功要关注找到幕后实控人,让谈判代表在实际决策人面前好做人,多倾听并建立情感依赖进而听到对方更多想法,注重观察谈判中对方的情绪,理解谈判对象眼里的世界跟我们不同,解决谈判有时靠的是跳出谈判争议焦点本身,谈判气场的量级要匹配对方,努力构造幽默轻松的谈判氛围等要点。

高校游学的第二站是同样世界闻名的美国西点军校,授课的是美军退役将军道格拉斯克里斯曼教授,课程主题是"如何定义领导力"。他的授课风格颇具军人风采,简明扼要不啰嗦,课堂上既注重倾听学习小组的发言,又结合自己的提纲讲授,我们收获颇多。他的主要观点是:让下属感觉到领导是一个有血有肉的人,也热爱生活,而不是一个工作机器;注重鼓舞下属,为下属注入生命;领导力比文化和战略更重要;把握好谦逊的尺度,不能过谦和自傲;打造团队文化要多说"我们"而不是"我";关注下属的个人成长,让团队更强大。这些理念我都会在后续工作中灵活运用。课后我们还参观了校园,近距离走进军校,西点军校占地 1.6 万多英亩,学校建在哈德孙河拐弯处河湾的高坡上,环境非常优美,军校入口处有一所宾馆和一个教堂。校园里,美国大兵就在我们眼前训练,个个脸上涂着颜料,一副作战状态,美军神秘感一扫而光,还有几位勇敢的同学跟几位美军大兵合了影。导游跟我们分享了美国独立战争时美军用铁索阻断英军舰队的故事,展示了美国人的勇气与智慧。

高校访学第三、四站是耶鲁大学和沃顿商学院,耶鲁大学的图书馆别具美感。图书馆保安很友好,开放阅览室供我们参观,图书馆从外到内,都十分精致,充满了艺术气息。阅览室很大,近百名大学生在里面安静地阅读、学习,我专门找了一张凳子在图书馆坐了一会,沉浸于这股书香气之中。沃顿商学院给我印象比较深的是学校的蚊子,这也是在美国十几天我唯一一次被蚊子咬。商学院的地面刻了名人名言,算是校园里"润物无声"的教育吧。

第五站是斯坦福大学,其建筑是另外一种美,远眺像酒庄,近看则又有一种不同的美,窗户都是仿古式的,很有味道。因为建筑知识缺乏,我无法用专业词汇来描述斯坦福大学的校园,当时只有一个反应:如果在这里读书,该是多幸福的一件事啊。我们参加了一堂关于 AI 科技的课堂,授课者是美国优步人工智能的前人工智能研究主管、科技畅销书《为什么伟大不能被计划》的作者肯尼斯•斯坦利先生,因为不太懂科技内容,加之安装有五色玻璃窗户的科室没法开窗,空气差,我昏昏欲睡(当时让新疆的楠楠律师拧了我一下,以赶走瞌睡虫,没想到今天尚有淤青,同学真是到位啊),但记住了几个观点:人工智能的新发展方向是多模态,图像将与文字互通回答问题,对法律行业的影响,就是可以为律师省去很多重复性工作时间,可以分析海量的材料,但缺陷是可能产生幻觉,导致错误信息、错误结论,进而产生非法决策和金钱损失。肯尼斯还分享了他的方法论,就是要实现最高目标,我们得先放弃目标(To achieve our highest goals we must be willing abandon them),这个内涵值得深深体会。他还回答了关于子女教育的体会,建议既要严格要求完成学校的课程,家长也要多鼓励孩子的兴趣,在孩子能承受代价的前提下,鼓励孩子为兴趣多付出。

（三）来到美国法院,触达美式法庭审判

我们参加了纽约州法院旁听,旁听前,美国知名律师和法律政治电视评论员艾略特博士为我们做了必要的辅导,他讲了三遍"千万不要用手机",这与我国的规定一致。进入二楼法庭,庭审的是速裁程序的刑事案件,法官很认真的聆听被告人的认罪悔罪陈述,先后有吸食毒品和醉驾等几个罪名的被告人在办理取保后被释放。后来到另一个普通审理程序的刑事法庭,审理的是伪造建筑许可证罪名的案件,建筑公司为了节约成本,帮施工人员伪造了建筑安全许可证,后被控告,面对法官的左手边是十二名陪审团成员,另外还有两名候补陪审团人员,是为了防止正式成员临时请假而设置。辩护人和公诉人展开辩论,我们听了十多分钟后离开。两个法庭的审判区上方都写着一行跟美元一样的字:"In God We Trust",英译汉就是"我们信仰上帝",相比国内法庭上庄严的国徽,似乎缺少了一丝法律的尊严感。

我们参观了联邦高等法院和美国最高法院外部,建筑高大气派,粗粗的罗马柱,威严十足,高等法院的法警很友好,跟我合影留念,当时还记得有一对新人在高等法院门口拍婚纱照。

（四）考察美国律所,倾听全球顶级律所的声音

在纽约华尔街,我们参观了卡特律所,该所从1854年开始为客户提供服务,拥有长达170年的历史。在这里,管理合伙人Judith Wallace 和知识产权部主席 John M. Griem, Jr. 先后发言,前者介绍了人工智能的道德和安全使用、律所继任计划(侧重对客户业务承接方面)、混合办公模式对培训和文化的影响、应对非律所竞争者(类似中国的法务咨询公司)、人才竞争等;后者在分享了知产法律和对美国大选的一些看法。互动环节,我提问了律所风控

投诉方面的问题,管理合伙人 Judith Wallace 从保险公司赔付角度进行了回答。

在华盛顿,我们参观了位于美国白宫隔壁的贝克麦坚时律所,该所成立于 1949 年,是世界上最大的律师事务所之一,共有 4700 名律师和 8800 名员工,在互动环节,我们交流了新冠肺炎疫情及全球经济衰退对律师事务所发展的冲击及应对,能听得出来他们也在压缩成本,降低开支,同时使用在线办案提高效率。

在美国西海岸的旧金山,我们参观了欧华律所,该所拥有 4200 名律师,2023 年收入为 10 亿美元,合伙人利润达到 138 万美元,实现了疫情后的逆势增长。在提问环节,我提问了该律所在引进人才方面最大的三点吸引力,该所亚洲区主席答复我:一是面试时会探讨新人的职业规划;二是律所品牌;三是律所的财务健康状况,在美国是可以公开查询的,所以新人会更有信心。

（五）美国城市带来的观感

波士顿是美国的大学城,哈佛大学、麻省理工、耶鲁大学都在这里,可以说是居民平均学历最高的城市,类似我们北京的海淀区,不同的是他们只有 60 万人口。

纽约和华盛顿,前者是经济中心,相当于中国上海,后者是行政中心,相当于北京。纽约商业氛围浓郁,人气旺盛,特别是华尔街附近纳斯达克液晶屏附近的步行街,人流、音乐、街舞、霓虹灯以及五颜六色的肤色、执勤的警察让我感受到城市的活力;华盛顿则是行政中心,有大量的市政公益配套设施如国家自然博物馆、艺术馆、各类公益设施、政府机构大楼等,人气也没那么旺。在华尔街还有一个强烈感受是人们的着装都非常商务,身材管理很好,说明了两点道理:一是成功者一定会做好身材管理的,我必须向他们学习;二是发达国家健身房多（且都配置 AED 设备）、而药店少,访美十天,只见过两家药店。纽约的自由女神像是美国的象征,我们乘坐游船游览时,我对自由有了更多感触,也录制并发表了一段视频并发表在我的视频号("俊杰律师说"视频号)。纽约的低空经济业发展也比较好,大量应用直升飞机,城市增添了现代化气息。

旧金山,还没到达酒店,就从机场往酒店的导游那里听说旧金山是华人的世界,他说"不会讲英语不要紧,但在旧金山不会讲粤语你就找不到工作",确实是,到了旧金山,明显感觉到华人多了起来,包括我们回国起飞前的晚宴酒楼就遇上了当地的一场华人敬老及奖学金活动,一个宴会厅坐满了五六百黄皮肤、说广东话的中国人。旧金山的气候也比东岸更凉快,绿化很好,科技公司很多,我们路过了苹果总部、FACEBOOK总部,在这边都是地广人稀,除了大山就是绿地和散落的别墅,完全看不到纽约那种高楼大厦了,但旧金山及所在的加州人群是引领着美国科技发展的,他们都有很高的收入,是新能源车的主要使用地,也是美国经济动力的引擎之一。

（六）美国政党、科技与基础设施、宗教、物价与经济景气度、饮食、交通与通信、华人生活

卡特律所的同行分享了共和党和民主党政治主张的差异,前者反对新能源车,主张使用石油,后者鼓励新能源车,要求逐步淘汰油车;还有堕胎、移民政策方面的分歧等;此前看过相关报道,深感两党之间很多政治主张似乎是为了反对而反对,并不是出于为老百姓谋福利。在华盛顿的餐馆,跟老板娘聊天时,她说她认为特朗普会胜出;跟旧金山导游聊天时,他也认为特朗普会赢,但特朗普刚提名的副总统候选人奈斯跟他的选民群体有重叠,无法帮到他很多。

美国科技世界领先毋庸置疑,但基础设施却落后我们很多,十几天来,我们一直为上厕所犯愁,无论是大学还是商场,厕所永远

只有四五个坑位,不像国内那么宽敞;所有建筑物的电灯开关都是我国 80 年代的那种上下拨动的开关,酒店没有中央空调,而且噪音很大,有的酒店电梯还坏了,此行几乎没有看到新酒店。落地美国第一站,入住了波士顿希尔顿酒店,晨跑时看到附近的马路也很破旧,市政投入确实很少。

无论是西点军校还是大学校园甚至法院,宗教设施无处不在,在纽约我还在第五大街附近参加了一个教堂的婚礼活动,在牧师的见证下,婚礼神圣而庄严。法院的法庭里面法官头顶上方的 "In God We Trust" 也提醒我们,美国是一个基督教国家。谈到宗教,也想谈谈爱国主义教育,美国到处都悬挂国旗,这也是种思想教育,美国的政府机构、事业单位全年大量悬挂国旗。

导游经常提醒我们物价飞涨,在教堂买蜡烛时,导游说,之前一个蜡烛是一刀(美元),现在都翻倍到三刀了,牛肉价格也比疫情前翻了几倍。通胀如此严重,美国的经济还能撑得住,难道老百姓工资也翻了几倍吗?我问过一个中国餐厅的经理,她说美国餐馆服务员大概五六千月薪,还是可以的。大巴司机月薪大概七千美元,折合人民币五万左右,收入不低。

尽管此行主办方一直在尽心竭力为我们安排餐饮服务,但还是吃不惯,特别是酒店的早餐,永远就是"三宝":土豆、煎液态鸡蛋、培根,团友经常以泡面来替代早餐。美国的牛排很有名,遗憾的是点菜时没有安排五成熟,而是要了七成熟,美国酒店早餐都会放一碟红糖,据说历史上美国早餐以甜食为主。在波士顿时,主办方很用心地给每人安排一只波士顿龙虾,吃起来味道不算特别。

美国马路上的卡车特别美,都是大大的前鼻车头,车身五颜六色。打车很贵,导致我几次很疲劳想回酒店休息,都因为车费仅半小时就要五六百人民币而打消了念头。通信效果不好,尽管到了美国我的手机卡开通了国际漫游,但只有 4G 信号,传输文件超级慢,网速问题倒是确实可以延缓一下内卷心态,既然离不开网络,网速慢点,不得不把心态放缓。如果从广州琶洲港经我国香港往返美国,回国到达香港时一定不要先出关拿行李,而是到码头柜台请他们把行李移送船上。我就吃了亏,出关拿了行李后无法返回海天码头坐船,不得不坐我国香港到暨南大学的直通车返穗。

这次,通过三家律所的中国律师和纽约、旧金山两地的华人导游及大学课程的中国籍同声传译工作人员、粤菜酒楼从业者的接触,我观察到他们的生活幸福指数很高。他们都认可美国的生活品质,美国比我想象中好一些,新闻中的枪击事件不是频繁发生,我也消除了被马路上一记冷枪伤害的可能带来的恐惧感,出入境移民局也很友好,我没有因为英文不好而产生紧张感。

2024 年最有意义的事情之一就是本次美国之旅,这十六个小时多的飞机是我飞行之旅最久的一次,从此再也不会抱怨飞五小时好远好累。这次游学让我来到比美国白宫办公楼还高的、全球最牛的贝克麦坚时律所研究律师业发展,不再夜郎自大,让我撰写了 12 篇过万字的笔记,同时思考了很多,也跟同学、主办方工作人员和地陪导游学到了律师业务之外的知识。未来,希望我成为一个更优秀的自己!

十四 | 离婚案接访笔记——接待五宗离婚咨询的感想

2023 年 12 月,在寒意逼近的日子里,我在广州接待了五宗离婚咨询案例,再次感悟人间冷暖,记录下来,以免忘记了这些精彩的人间烟火故事。

第一件是海珠的家暴引发的离婚咨询。故事的主角是一对十年结发夫妻,夫妻两人是湖北老乡,都是穷人的孩子和初中文凭,也都做纺织车间工人起家。婚后来到广州海珠,依托海珠纺织产业集群，开了一家小公司，做来料加工，每月十多万的流水营业额，起初男方负责采购物料，女方负责带着七八个工人做缝纫。这两年生意不好，导致男方不思进取，终日迷恋游戏王者荣耀，通宵打游戏、白天睡大觉。公司连续亏损，女方既要工作又要做家务，只要跟男的吵一句，男方就摔东西，离家出走一周，之后回家继续过日子；只要女方提离婚，男方就拒绝谈此话题。我问到子女情况时，女方说两人的孩子自小在奶奶家养大，属于典型的农民工子弟。父母在外省，孩子跟祖辈生活，自然跟父母感情很淡，每年也就见一两次。现在电子产品泛滥加之祖辈宽松的教育，估计孩子也很难有好的成绩。俗话说"宁拆十座庙不拆一桩婚"，但这个离婚案我没有劝和，看到女方发给我的手掌被割伤的照片，我感受到了女方与男方切断关系的决心。夫妻共同财产的情况，也是听得我心酸。夫妻创业十年，居然没在广州和老家置办房子，只有一辆十几万的马自达汽车，还有一家持有工商牌照但亏损的微型公司，租着月租一万多的车间。女方通过视频向我展示了自己的地铺，生意艰难，连在海珠租的房子也退租了，就睡在车间里。越是艰难的百姓，心理承受力可能更强大，否则把事业的挫折、婚姻的不幸、孩子的教育失败、因家暴导致的皮肉之苦四大不幸叠加，该是多么巨大的摧残。通过这次视频咨询解答，这位女士明确了有关离婚诉讼的流程。

第二个离婚纠纷案例是番禺的女士离婚后被前夫纠缠的咨询。一位五十多岁的女性离婚后，新交了男朋友并生活在一起。前夫发现以后暴怒，反复纠缠，给她生活带来严重困扰。这位女士第一次来电话咨询时，反映前夫有纠缠情况，第二次来电话时是自己的轿车被前夫围堵。我提醒她报警处理，她说警察不一定能帮上忙，我的建议是前夫的行为违反了《治安处罚法》，对其生活构成了困扰，她有权利报警，公安机关也有义务出警处理。这个案例提醒我们，离婚时的收尾工作务必厘清，尤其是财产分割要在心平气和的情况下达成共识，避免在一方冲动情况下任性处置了个人财产，做出明显的不公平让步，日后因后悔而产生纠缠对方的情形。

第三个是山东的老公出轨后的离婚咨询。老公勤劳创业，事业有成，赚了巨额财富，对老婆疼爱有加，对孩子教育和抚养不计成本投入。但老婆觉得老公无趣且花心，已出轨三次，产生离婚的念头。我的第一反应是询问女方，老公对她和孩子怎么样，她说很好。我的答复是，如果老公是有事业心的男人，对家庭承担了经济责任，对女方和孩子也疼爱，那不应该因为他无趣就放弃这段婚姻，至于老公在外拈花惹草的行为，可以通过加强监管来解决。我觉得这段婚姻是可以挽救的，遗憾的是第二天女士就告诉我跟老公谈到深夜一点并决定分开，让我感到很惋惜。

第四个咨询案例是佛山的女士发现老公嫖娼要离婚。这位女士说，平时老公都很乖，但某天晚上，老公在外应酬回家后倒头就睡，女人的第六感告诉她今晚有异常。于是，她悄悄查老公手机，发现老公和其他女人亲密的视频。这让她备受打击，她就把老公揪起来问责，她老公把手机要回去并把视频清理了。这位女士坚决要求离婚，与我交谈后，她明白了没必要离婚。她说她老公平时很本分，这次也是被朋友带偏了才犯错，她最终愿意给老公改过的机会，并在我的指导下让老公写了悔过书。在我的启发下，她也认识到发现老公干坏事后的第一时间应做好取证工作，让老公删证据是不理性的。她也很认同我说的悔过书的写法，明白了写"如有再犯，净身出户"的表述是无效的，应该写损害赔偿金的表述。女士跟我见面咨询后的第二天，顺利拿到了老公的悔过书，夫妻生活恢复了往日的平静。

第五个是汕头的女企业家咨询协议离婚的协议书起草，越是有成就感的人越寡言,我知道这段婚姻肯定也是一杯苦酒,但她并没有跟我吐什么苦水,我印象深刻的是分割涉及的房产和铺面的面积好大。

十五 | 中小学校园学生伤害事故防范与应对的思考

2005 年以来,我开始服务广州市的幼儿园、中小学,担任他们的法律顾问,至今已经有十九年了。漫长的岁月里,我与校长、园长及分管德育的主任、处长们并肩作战,通过办法律讲座、写校园法律文章、处理校园突发事件等方式共同保障广州市的中小学校园安全。在此分享个别校园学生猝死和自杀案例,希望对学校管理层更好地做好依法治校工作有所启发。

(一)校园学生猝死案例的防范处置

(1)某中心小学课间小学生楼梯猝死案。该案是某小学到上课时间了,广播铃催促学生回教室,一位二年级女生在楼梯上奔跑回教室过程中猝死。经法医鉴定,死因是早餐吃的粥及硬的食物卡住了呼吸道导致死亡。这个案例我主要提供了两点指导:一是要第一时间通知家长,并且要用手机通知,因为座机不方便举证通话记录,是否第一时间通知家长是校园事故中极易发生纠纷的一个点;二是要在校医做初步处理后等救护车,学校老师不能用私家车送医院,否则路上若出现问题说不清楚。

(2)某外国语学校中学生操场跑步猝死案。该案是一家外国语学校的某个初中生上体育课时,在跑道上跑步猝死。应校方邀请,我参与了赔偿谈判过程。通过了解,得知该生本身心脏有问题,属于易猝死人群。这个案例主要总结以下两点经验:一要做好特异体质学生的统计和备案登记工作,这是校方的义务;二是监督体育老师上体育课时对特异体质的学生特别照顾。以上两点都属于学校的举证责任,根据《民法典》及《学生伤害事故处理办法》等法律法规的规定,如果证据缺失,校方就可能面临一定的侵权赔偿责任。

（二）校园学生自杀案例的防范处置

（1）某小学五年级学生跳楼自杀案。该案例善后谈判过程中家长的不理性让我印象深刻。家长想用暴力给校方施压,在谈判时直接把矿泉水瓶扔向了校方代表,之后还在校门口摆花圈。通过该案,我想提醒学校如果发生类似事件,校方应安排副校长或德育主任作为第一对接人,而非校长直接出面。因为校长是学校的总负责人,如果因为此类事件导致出门被跟踪、人身被威胁,会严重影响学校整体教学工作的推进。

（2）某职业高中十七岁学生跳楼自杀案。我看过这个案例的监控录像,学生从七楼垂直跳下,弹起一米多后落地,腿骨直接穿透了运动鞋底,可见冲击力之大。该生是抑郁症患者,事发原因是前女友跟现女友互删微信,他听说此事后,觉得自己破坏了闺蜜间的友情,因此惩罚自己,终结了生命。跳楼现场在学校运动场,是必经之路,事发后,校园里充满负能量,不少同学路过此处都有心理阴影。更让我感到意外的是前任和现任女友居然都割脉了。因此这件事给我们最大的提醒就是,如果校园不幸发生学生自杀事件,一定要防范连锁反应。

综上,校园学生伤害事故具有一定的偶发性,学校要做好制度建设,完善有关预案,同时在事发时及时处置,加上有校园责任险的保障和学校法律顾问、属地法制副校（园）长的协助,基本可以厘清法律责任,确保处理好突发事故。

十六 | 办案中感悟人生百味

（一）番禺房屋买卖纠纷案，亲生母女为房反目让我看透人性

一位妈妈买了碧桂园的房子，和开发商签了购房合同后却没钱交房款，女儿就出了 99％ 的房款。后来母女签署了一份买卖合约，约定房子产权是女儿的，但妈妈有居住权。母亲一住就是二十多年。83 岁的妈妈悄悄办好了房产证。这几年经济形势不好，58 岁的女儿跟妈妈商量卖房套点现金，遭到拒绝，估计是妈妈怕日后没有安身之处。之后女儿女婿忍无可忍起诉了妈妈，要求过户房产到女儿名下，法院经审理认为作为被告的妈妈在买卖合约中约定的居住权保障条款是房屋买卖合约的重要内容，过户至女儿名下，将损害妈妈的居住权，违反签订合同的根本目的，因此驳回了起诉。亲眼看到母女因为房子而成为对簿公堂的陌路人，颇令我唏嘘。

（二）广州中院房产租赁纠纷案，律师对己方委托人和对家律师该冰冷还是温情

我想借这个案子表达我的处世之道。一位山东老乡委托我代理一件房产租赁纠纷案。该案在一审环节实现了 45％ 的诉讼效果，作为被告，为委托人打掉了部分租金应付款项。为争取更好的效果，我们提起上诉，在广州中级人民法院启动了二审。因为难度较大，我在和委托人的代理合同里明确约定，不需要基础费用，如二审相对一审有任何有利于我方的改判，则支付一笔律师费。这样做，在一审委托人已经支付了费用的前提下，对上诉改判概率较低的案件，就不再让委托人承担诉讼风险，改由我来承担。如此一来，即便二审不利，也不会扩大委托人的损失，也体现了我们山东人的厚道。后来二审维持原判,我未能通过二审为当事人减少损失。收到判决后,我主动联系对方代理人希望争取一个租金优惠价,可惜未能如愿。当时,我用恳求的语气请对方律师跟她的当事人沟通一下给个折扣价,可惜遭到了拒绝,我认为大家都是同行,做做当事人的思想工作,优惠几千块,都能让人感觉到温暖。

(三)潍坊离婚案,情感的事情总是充满戏剧性

这个案子有不少地方让我目瞪口呆:夫妻两人下午刚从法庭打完官司,就像朋友一般上了一台车一起送我去济南赶飞机,下午开庭前还一起吃了午饭。我心想,早知道如此,何必要打官司呢?

男方是国企干部,婚内公然和情人同居,作为过错方,在法庭上没有任何羞耻感。开庭当日,是中石油某下属公司的高管成都被偷拍风波的次日。在开庭时,我说:"你作为国企干部,做了违反伦理道德的事情,如果你妻子去举报你,你可能面临罢免职务的风险。"他很自信地说:"我不怕。"由此看来,此人是毫无敬畏之心的。开庭前,我知道他在经济方面对家庭很有担当,对孩子也很关心,唯一缺点是花心。但法庭上他没有羞耻感、没有敬畏感的表现,让我对他好感全无。

十七 │ 花都房产代持案中的爱情故事

通过外地律师同行好友的推荐,一位旅居海外的企业家在花都有一件借名买房纠纷,希望我协助解决。经我和当事人沟通,得知他为规避限购政策,和一位女性朋友签署了一份代持房产协议。协议约定由男方通过自己弟弟账户支付房款给女方的母亲,并以女方母亲名义购买花都一套房产,在禁止转让期三年内女方母亲有权免费使用房屋,期满后应过户给男方。现该交易已完成半年

多，男方想跟女方母亲拿回房产证、购房发票等物品，但女方母亲不予配合，处于失联状态，因此发了律师函，但之后仍无下文，所以想通过我来起诉，依法维权。

作为房产争议解决的专业律师，接案后我提出了初步方案。首先确定解决本案的路径，是通过主张代持协议无效来要求返还房款，还是主张协议无效要求女方母亲在合规的期限过户给男方。我倾向于前者。为了稳妥起见，我建议当事人男方先支付5000元咨询费，我去花都的涉案地址一趟，说不定见到人了，能谈好，就不用打官司了。我方当事人也表示认同，于是次日晚上，我专程赶赴花都，顺利地见到了女方的母亲。这位母亲问明来意后，大骂男方，说男方是人渣，坑了自己的女儿。听了她的讲述，我才知道内情。原来男女双方都有家室，产生好感并坠入爱河。男方发誓要跟女方结婚，并要求女方先离婚，男方随后离婚并娶女方为妻。结果女方离婚后，男方却反悔了。更让女方母亲愤怒的是，男方还跟女方追索婚外情期间花销的十几万款项，女方也如数退还了。女方母亲越说越气，并表示房子满三年可以归还男方，但前提是让男方来广州面对面跟她谈，她要跟男方要个说法。

听完事情原委，我没有评述，建议女方母亲能心平气和妥善处理好此事。或许维护好关系，日后我还能成为双方解决问题的桥梁，因此我也没有跟女方母亲讲代持协议无效的事情。

次日，我跟男方汇报情况，告诉他如果没有感情纠葛因素，建议立马起诉要回房款，同时做财产保全避免女方母亲恶意转让房产；但基于存在感情纠葛，我建议依约等到满三年再过户房产，避免激化矛盾。毕竟女方已经因为男方的食言而致自己的婚姻走向灭亡，即便房子给女方母亲用三年，又能如何呢？

做律师的有趣之处就在于每次办案的故事不同，而且剧情版本千变万化。但无论怎样，重要的是掌握好作为自己解决问题的工具的法律知识,重要的是守住内心的良知,把握好做人的底线,明确可为与不可为。

十八 | 律师育儿心得

我的女儿叫孙潍肖,因她的祖籍是山东潍坊,所以取了一个"潍"字。幼儿园时期这个字经常被老师错写为"维",可能潍坊距离广州太远了,很多人不知道这个地方。她的妈妈姓肖,所以取了一个"肖"字。潍肖属牛,狮子座,性格比较文静,从小没闯什么祸,比较省心。我享受孩子"从小变大"的过程,小时候清纯可爱,进入少年不再唯大人是从,有了自己的思想。这样也很好,可以跟我聊天、辩论,我很乐意接受孩子的成长变化。

(一)我们需要教会孩子感恩

为了让女儿记住自己的根,她的名字里有家乡的"潍"字。每年暑假,我会安排她回一次潍坊,跟爷爷奶奶相处一段时间,以便与祖辈保持好的感情。我会叮嘱老人带孩子去上坟,给已去世的祖先烧香,让她明白墓碑上的立碑人一栏刻着她的名字,懂得在广州我们家没什么亲人,但我们家族在潍坊。

(二)从小培养孩子的法律意识

小学起女儿就熟读《未成年人保护法》少儿版以及有关青少年自我保护的书籍,旁听仲裁委的开庭、法院执行局的执行和解谈话。这些让她具备维权意识,明白个人的生命权、健康权、受教育权等权利神圣不可侵犯。有次聊天,我说,现在很多家长会在孩子房间安装摄像头监督学习,她立马说这样侵犯了儿童的隐私权。现在还能回忆起她严肃的表情,我感觉很欣慰。

（三）用欣赏的视角看待孩子发表的不同观点

孩子懂得说"不"，证明她长大了。家长不要强迫孩子和自己观点一致，而是应该赞许其独立思考能力。孩子长大了，家长想继续赢得孩子的尊重和敬仰，就不能再靠肢体的力量优势、年龄资历的辈分优势去压制孩子，而是靠知识、口才和智慧引领孩子。

（四）记录孩子的成长点滴，为她准备一份珍贵的嫁妆

女儿两岁时，我就为她建立了成长档案，记录她的成长故事。行文至此，我翻开了本子，有的页面已经有黄色的斑点，这就是时间的印记吧。我记录的第一条是"2011 年 12 月 6 日，可以不扶墙自己从一楼爬上四楼"。除此之外，我还把她从小学起获得的所有奖状、证书甚至每一次就医记录，存档保留在一个文件夹里。等她出嫁的那天，我准备把这个记录成长点滴的本子作为婚礼的"厚礼"送给她。

（五）要舍得在素质教育上投资

我希望女儿彬彬有礼，琴棋书画样样精通，所以除了尽我所能地创造条件让她读相对好的学校，还让她参加了英式礼仪的课程、专注力的训练班、左脑开发班等，当然钢琴、芭蕾就更是基本功了。

（六）管理好孩子身边的朋友圈子

未成年人没有形成健全的人生观、价值观、是非观，很容易被周边的人影响。作为家长，一定要帮孩子甄别哪些人可以做朋友，哪些人要保持距离，否则一旦交友不慎，就会染上不良习惯。我女儿身边就有学生因交友不慎而染上不良习惯，导致休学、转学，大好青春年华被耽误，令人惋惜。

（七）保险投资要跟上

女儿小学一年级，我开始给孩子买成长保险，等到她大学毕业,就可以领取创业金了。同时,我还购买了一份年缴三万的保险,缴了五年,现在她读初三了,我已经帮她领取了第一笔保险金。

(八)每周一次谈心

从读初中开始,女儿每周末回家都会和我谈心。我觉得这是一个普通的习惯,直到我翻看孩子的学校访谈表格,发现有一栏"家长的优点"的栏目,孩子填写了"每个周末爸爸都会跟我聊天,关心我在学校的情况"。住校后,我与女儿见面时间少了,每个周末的谈心,变得更为重要了。记得她问我一个问题,说在班级里面,女孩分为三类:一类是跟男生称兄道弟的,一类是有点害羞的,一类是介乎两者之间的。她就是介于两者之间的那类。我说这很正常,当下最正确的就是保证学习成绩,接近有好的学习和生活习惯的人,而不必在乎性别,引导她正确地处理人际关系。

(九)要跟学校保持密切联系

孩子读幼儿园时,我是市政府机关幼儿园的家委会成员;读小学时,我是水荫路小学的校级家委。每个学期结束时,我会组织家委们约老师聚一聚,沟通育儿之道。读初中了,学校规定不允许家长加老师微信,据说是为了防止家长给老师发红包。我能做的只有请老师帮忙留意孩子的朋友圈,让她在校期间多向好学生学习,与有不良嗜好的孩子保持距离。

(十)注意学习如何做好家长

据说初二是叛逆期的开始,所以从孩子六年级起我就开始关注青少年心理学的公众号,每天读文章,同时留意孩子培养得好的家长,多跟他们请教。在育儿方面遇到困惑时,我就向学校老师和几位育儿大师级朋友请教。我微信好友里有几位把孩子培养进北大清华的家长,成功绝对不是偶然,要多借鉴成功者的经验。

十九 | 俊杰律师团队新人应知应会

（1）出勤规矩。钉钉打卡考勤，偶尔抽查。入职满三年的员工经批准可以不打卡。尊重个人隐私，不打听同事工资。

（2）报销制度。为客户服务时，能同客户直接报销的一律直接对接客户；每月5日提交上个月需报销的单据；出差时，中、晚餐补贴50元，早餐补贴20元；工作日22时后及周末加班可报销打车费，去顾问单位值班可报销地铁费，去法院、仲裁委时赶时间或带案卷较重，可以报销打车费。

（3）合同及发票管理制度。签约后当天向财务部提交开票申请，提交后三日内将发票送给当事人，签约后7日内将合同和客户签字的发票复印件、告知书归档。

（4）判决书、裁决书等法律文书收到后打印三份，一份快递给当事人，一份归档，一份放孙律师办公室书柜；若当事人同意接收电子版，可以不用打印给当事人的那一份；

（5）在妇联、红十字会的外派值班和广场接访事务中，若值班律师通过努力实现案件签约，成交案件律师费按照值班律师与团队一边一半分配。

（6）外出工作产生的客户红包一律上报。

（7）工作包工作日志制度。每位同事需在共享U盘里建立自己名字的文件夹为工作包，工作包内应清晰分类好各项任务，应包括常法单位、案件、其他材料；常法的文件夹应将每个单位分开归类，每次审核完将相应的合同放入对应的文件夹存档，合同审核中遇到的问题和最终版本需给团队主办律师过目。每天完成的工作应用excel表进行整理，每月5号前随文件一同放入共享U盘内，工作日志整理重要的内容即可。

（8）在正常情况下，常法合同审核任务应当在1～2个工作日内完成。如有特殊情况无法完成的,需要在客户群内及时告知,以免对方长时间等待。每次审核完要将对应合同的名字修改为(常法已审)-xxx。

(9)诉讼案件需要以当事人的名字进行分类,以便后续查找。应当将所有经手的材料全都整理到文件夹中,包括发票等,以免后续归档时文件丢失。

(10)应有团队精神、奉献意识;团队补位,不要斤斤计较,比如拿快递等琐碎日常事务,新老帮带;

(11)淘汰机制。本团队的红线是破坏团结的、挑事制造团队矛盾的、消极怠工出工不出力的、没有团队意识只顾自己一亩三分地的、不注重知识更新的、不顾及客户体验多次受到投诉的。

(12)热爱文体、性格活泼开朗的同事牵头组织团建,最好每周五下午。团队定期打球、聚餐,费用由团队承担。

(13)着装要求:不穿无领衫、拖鞋,不穿露脚趾的鞋子。每周一尽量穿商务装,微信头像用海马体商务专业照片。

(14)做好每周的工作计划和每周的工作总结(不需要提交),做好个人五年职业规划,每月写一篇1000字的工作总结(鼓励提交给团队);每周五下班前反馈本周案件或顾问单位客户交办事项的进度,每季度写一篇3000字的学术文章。署名团队负责人为第一作者,若发表到律所公众号,一篇奖励300元;发表到省市律协,一篇奖励1000元;自行发表到国家级刊物,奖励5000元,需团队协助的奖励2000元。

(15)承办案件时,由主办律师起草案件文书。孙律师审核两遍,收案时看一遍以确定案件焦点和破解思路,主办律师完稿交孙律师后,立案前认真看一遍进行终审审稿。

(16)防范客户投诉,增强风险意识。投诉往往是因为不注重当事人体验感、不及时反馈进度、未摆正服务者姿态、开庭前未做当事人和证人、旁听人员的辅导。

（17）良心做事，保护职业声誉，团队成员的案源不可以给团队之外的律师。

（18）保护团队荣誉，利于提升报价。

（19）不可以私下加客户微信。

（20）客户进到老板办公室后，要主动给客户倒水；如果是不需要参观文化长廊的客人，要走办公区，不走内环长廊；需要走长廊的客人，若客人不想走，可告诉他孙律师正在处理事情，需要他走长廊多了解一下我们团队。

（21）凡参与开庭、重要讲座等活动，需要发朋友圈分享。做到每次团队参加各类法律活动、诉讼活动，都在朋友圈留痕，打造个人 IP、团队 IP，提升在朋友圈内的热度、知名度。孙律师有编辑好的公众号文章，团队成员需要转发，如果孙律师没有及时发送，团队成员应主动提醒。

二十 | 2024 再次验证，击败律师的永远不会是同行

2024 年 5 月 12 日，我参加了律所合伙人的年度会议。东莞分所谭主任在小组讨论环节分享了他调研的法律咨询公司的大数据，全国有数百万家，其中广州有十几万家。当时听了，我觉得不会威胁到我们。没想到次日，我去拜访一位新认识的同在珠江新城的某律师事务所的年轻律师，所受到的震撼让我打破了这个想法。

到了约定地点，才发现这是一个包括律师事务所在内的大型咨询机构。这个机构包括法律咨询公司和律所等，法律咨询公司已经不是我们印象中的样子了。当我走进公司大堂，前台文员用手指轻轻点击了一下电脑，她背后大屏的公司名称就实现了转换，

大屏底部显示四家公司名：某律师事务所、某法务公司、某某投资公司、某某文化公司。客人拜访哪家公司就相应地显示公司名称，而在远处的卡位区，近百号员工在努力工作着。

2024年的前五个月，我发现团队很难接到一审案件的工作，很多是当事人一审或二审请了一些小型律所，败诉后才在二审或再审阶段委托我们这一类头部律所。这说明在初次购买法律服务的当事人市场，法律咨询公司有更大优势。

随着时代进步，法律咨询公司以前靠每天打几百个推销电话撞运气成交案件的方法已经逐步淘汰，现在采用新媒体营销、借助网红，可以快速接触有法律需求的市民，其低廉的报价很容易获得当事人的订单。甚至还有法律咨询公司替当事人垫付诉讼费，让当事人轻装上阵，更是打动了很多当事人。当大型律所的律师们还在高档写字楼内"等"案子时，同样在高档写字楼的法律咨询公司正在疯狂成长，主动出击。

二十一 | 南沙遗产纠纷案的庭后感悟

2024年3月19日上午，在广州市南沙区人民法院，团队民商事小组出庭代理了一宗遗产纠纷案件。从中午结束庭审到写这篇文章已经过去了十多个小时，我的心情才开始慢慢平复下来。本案案由是遗产纠纷，原告、被告同父同母，原告是其中的三个兄弟姐妹，被告是另外五个兄弟姐妹。基本案情是母亲去世前（很久前父亲已去世）写了一份遗赠书并做了公证，将遗产中的房产指定赠给八个子女中一个家住东莞市的女儿，遗嘱中强调该女儿必须在照顾老人的前提下方可获得老人房产的继承权。目前涉案房产遇上了南沙区的拆迁，有一笔丰厚的补偿金。于是八个兄弟姐妹中的原告三个兄弟姐妹动了念头，起诉要求遗赠无效、按法定继承进行遗产分配，将拆迁补偿金按份平均分配，八人每人得八分之一，理由是被遗赠人没有履行照顾老人、养老送终的义务。

我们团队作为被告被遗赠人的代理律师，自然要主张其履行了照顾老人的义务并举证，证据包括照顾老人的照片、邻居见证过其探望及照料老人的证言、被告中其他四位兄弟姐妹的情况说明，都及时提交给了法庭。而原告则极力否认，甚至昧着良心说话。在审判长主持下，庭审有序推进，但到了后半段气氛开始紧张了。八个儿女开始"互撕"，三人为一派，五人为另一派，其中三人一派中有两个自称"一把年纪天不怕地不怕""没读过书"，以此为由讲一些过头的话。另一派五人中有一位受过高等教育，受不了这个委屈，在法庭上哭泣；五人中的受遗赠人在证人出庭质证环节，看到原告律师刁难证人、极力否认她探望母亲这一事实时（因为她不住在南沙，所以原告代理人极力否定她探望老人的次数、频率和孝心），也委屈大哭；被告中还有一位想起原告中的一位在母亲在世时殴打母亲、逼迫母亲下跪的事情，也愤怒地痛哭。

团队的李泽如律师在法庭上的一个论点很有说服力，2020 至 2023 年是疫情期间，管控严格，受遗赠人不可能频繁从东莞来南沙探望老人，但她委托另一位姐姐照顾老人并每月都有支付照料老人的生活费；而且老人写遗嘱时，受遗赠人已经住在东莞，说明老人知道受遗赠人不住在身边，在此情况下还做赠与，说明受遗赠人尽管不在南沙但一直有尽孝心。

法庭辩论接近尾声时，我的情绪也有点激动，因为看着骨肉相连的八个孩子对簿公堂，互相辱骂，确实令人痛心。我说："原告一直否定被遗赠人尽孝心的行为，那你们作为子女是否有证据证明你们履行了赡养义务？"对方顿时哑口无言了。

中午，当事人安排了丰盛的美食，体现了对律师工作的认可和嘉许。团队律师却无法从法庭上的情绪中走出来，在回律所路上，我跟李律师说:"如果这类案子办多了,真的会搞成抑郁症了。"疫情三年许多人去世,后疫情时代是遗产纠纷案件的井喷阶段,希望在争夺遗产过程中,当事人能保留人性的光辉,不要因为钱而让自私、互相伤害成为一种常态。

二十二 | 勇敢者归来,中国律师在后疫情时代的思考

2023 年 11 月 18 至 20 日,我有幸参加了智合机构创始人洪老师牵头组织的在上海国际会议中心举办的律师业千人大会,收获满满。我整理了会议笔记,提取精华,分享给大家。

(1)我们感受到当下是一个不确定的时代,但更应该是一个勇敢者的时代。不确定性既意味着更多风险,亦意味着更多机会,要把握好这个百年不遇之大变局时代。

(2)在律师行业内卷的时代,不要去卷价格,更应该卷办案能力,卷服务,卷产品创新力。

(3)勇者不惧,保持热爱。近一年来,身边有两位合伙人律师退伙,他们不再把精力放在律师事业,还诙谐地说做律师太辛苦,没办法只能出去当老板了。今天一位广州律师大厦的律所主任也跟我说未来不想做律师了,觉得累、没意思。目前监管强度大、行业内卷、税务稽查严、风险收费限价,貌似行业红利时代过去了,但对我而言,似乎没有更好的职业,我们不能转行当企业家的人只能保持对律师职业的热爱,选择坚守。

(4)供应链的全球化浪潮已来,我们要思考这一趋势,对企业来说哪一个环节的成本在某一国家最低,就去该国布点,律师业也如此。

(5)中国的国际影响力与日俱增,工程施工力量是我国的强大之处,很多国家的铁路都由中国承建,全球基础设施的建设在向

中国聚拢,律师应该跟上祖国强大的步伐。

(6)人工智能正在律师行业发挥作用,但也不必太过恐慌,很多工作人工智能还是无法替代。律师向当事人提供的情绪价值是机器替代不了的。

(7)经济本来就有周期性,当下面对后疫情时代的经济衰退不必焦虑,应该强身健体,练好本领,等待下一个经济高潮的到来。

(8)专业服务业的破局之路,打造一个有溢价权的专业领域,做深一个有溢价权的行业专属法律顾问。

(9)锦天城所代表提出不再提律所规模化;炜衡所代表提出适当规模化;方达所代表提出不轻易布点分所,认为规模已达700人上限;康达所代表提出律所规模要克制地发展。以上观点可以看出,大家反对盲目扩张,对规模化有了新的认知,即规模需要以高质量发展为前提。

(10)海外战略值得思考,是走出去还是收缩?盈科和君合给出了不同的态度,盈科所提出了在海外直投一百家分所,联络一百家外所,而君合所提出减少国外业务。天达共和所也提出不出海就出局。我认同走出去战略,会议期间就联络了东南亚的朋友,准备三个月内开启第一场海外走访,外面的世界很大,我们要多出去看看。

(11)勇敢者是时代的弄潮儿,历史永远是由勇敢者书写的。

(12)上海论坛的嘉宾认为今年的重大商事诉讼主要集中在基金退出案、政企合作纠纷案、执行案、刑民交叉案。确实,今年我已经接洽了三宗IPO失败引发的对赌纠纷诉讼案件或咨询,这也是疫情冲击经济的后遗症。

(13)如何带律师团队?要做一个有魅力的领导。魅力的含义是致命的吸引力,领导有魅力,才会有人追随且走得更久远。

(14)何为信任?就是被背后的枪手击中,但仍认为他是擦枪走火。信任是基于弱点的信赖，明知你有这个弱点，但亦选择相信你。带团队，就是打造信任的过程。

（15）科学的团队人数是三至十二人。为什么不能是两人？因为只有三人才会产生信息差，而超过十二人会导致指挥臃肿，变得没那么快捷，团队负责人无法兼顾洞察每一位成员的想法，董事会、管委会人数设计时也应思考这一点。

（16）律所人才梯队培养应高度重视与高校的合作，防止人才断裂，面试新人时应见面三至五次。合伙人律师应多花时间放在人才管理、储备、布局，选对人很重要，与其培养一只猪学会上树，不如直接招聘一只猴子。

第九章

心怀美好，祝愿与期待

我们生活在一个越来越尊重知识、尊重科技、尊重人才、敬畏法律的伟大时代。我相信二三十年内，法律专业依然很吃香。尽管行业竞争激烈，但"卷"的过程也是产业升级的过程，是律师社会地位进一步提升的过程。参加上海智合论坛时，一位嘉宾讲："我们不是要卷价格，所谓的内卷应该是卷产品、卷服务、卷创新、卷能力。"无论是对行业、对律所、对团队，或是对我的下一代，我都怀揣美好的愿景。

一 | 对律师行业的愿景

未来一定是法律服务行业大爆发的时代，无论是政府还是企业、社会组织，都会越来越重视规范化运作，这离不开法律制度的保障。同时老百姓的维权意识也会越来越强。现在，欧美国家老百姓的维权意识领先我国。未来，我国民众的维权意识也会达到甚至超越欧美国家，例如在我国，大家普遍认为父亲用体罚的方式来教育儿子是正常的，在未来社会，父亲不能随意体罚儿子，一旦父亲体罚儿子，儿子有权起诉父亲，且这种行为达成社会共识，这就是法律意识增强的一种表现。未来的法律服务行业类似的需求会越来越多，市场越来越丰富，律师也会越来越多。我相信中国律师行业的人数将会突破一百万。

二 | 对我所执业的律师事务所发展的愿景

2023 年是广东广信君达律师事务所三十周年。我今年四十三岁，按照六十岁退休的标准，等我退休的时候，广信君达就有四十多年的发展历程。虽然现在行业内竞争日趋白热化，以广州律师行业为例，这几年北京大成（广州）办公室的创收已经超越我们，在此之前，广信君达一直是广州市人员规模和创收双领先的首席律所。位居广信君达之后的北京盈科广州分所也在不停招兵买马，二者你追我赶。竞争时刻存在，广信君达能够取得今天的成绩，离不开独有的律所文化，要保持领先，就一定要把过去的宝贵经验发扬光大，同时要不断地创新，不断地适应当下的行业发展。放弃"一招鲜吃遍天下"的传统思维。创新管理模式、分配机制、人才引进、专业化建设等举措，始终把核心竞争力牢牢抓在我们自己的手上。

三 | 对我所带领的律师团队的愿景

目前，我的律师团队包括挂靠律师和授薪律师，规模高峰时共有十位专职律师。我的心愿是团队能培养出自己的合伙人并输送本所的合伙人队伍。按照广信君达的规则，作为一级合伙人，如果我的团队能够完成业绩指标,并且超出指标的部分达到二级合伙人标准,就可以向律所推荐一名二级合伙人;超出指标的部分达到一级合伙人的标准,就可以向律所推荐一名一级合伙人。目前为止,团队还没有培养出以普通律师身份加盟后逐步成长起来的合伙人律师,这是我的心愿。同时我希望团队专业化互补,避免同质化竞争。最重要的是能够降低团队人员流动性,增强团队稳定性,人只有稳定下来才能够进步,一旦想着跳槽,是难以专心做业务的。另外,我希望大家在八小时的固定工时之外有更多的互动。人与人之间只有发自内心的碰撞才能够成为真心的朋友,工作时间大家是同事关系,工作之外也能像朋友一样相处,队友之间的黏性和信任增强,关系也会变得持久。

四 | 对我下一代的愿景

我的女儿现在十四岁,在读初中三年级。我希望女儿未来也能成为一名律师。早在女儿读小学一、二年级的时候,我就有意让她接受法律的熏陶。有一次,我担任仲裁员的案件在周末开庭,家中无人照看小孩,刚好我也希望女儿能够感受一下司法氛围。在征求申请人和被申请人同意后,女儿坐在了仲裁庭的旁听席上,这是女儿人生第一次感受仲裁庭审氛围。还有一次,我到黄浦区人民法院办理一个强制执行案件和解手续,正值女儿假期,于是便带她参加了这次执行和解,让女儿感受法院的威严、法律的公正,让女儿初步形成对法律的印象。女儿小学五、六年级时,我给她买了少年版《儿童权益保护法》等法律相关的书籍。女儿上初中时刚好赶上了《民法典》颁布,于是我们父女一同学习《民法典》知识。我在家中工作的时候,也会让她进书房感受律师工作场景。在饭桌上，我也会把一些正在办理的民事案件的案情拿出来与女儿一同讨论，培养女儿的法律思维。我还会去女儿学校开展法律讲座。我希望能够在女儿心里埋下一颗律师的种子，尽管她正处于青春叛逆期，不愿听从我这老父亲的教导，每次问她长大了当律师好不好，她都笑着故意说不，我相信随着女儿的成长，她的眼界逐渐开阔，了解到律师是一个受人尊敬、高收入的职业，会理解老父亲的苦心，接受和热爱这个职业。未来，若是女承父业，走向律师的道路，我一定会把我律师执业的毕生经验和所得传授于她，期望女儿能够成为一名优秀的新一代中国律师。

附　录
孙俊杰十年政协提案

一 | 广州市番禺区政协十二届六次会议提案

（一）撤销大石小学，并入大石中心小学

位于番禺北部的大石中心小学和大石小学属于前后院的关系，仅一墙之隔，具备合并的便利性；两家学校两套领导班子，造成管理机构重叠，管理成本高；课程管理、运动会安排可能不一致，因距离太近导致相互干扰，一家学校开运动会时，另一家学校会受到很大影响；若干年前，大石小学是自然村提供财政支持，大石中心小学是镇和区财政支持。现两家均属区财政统筹，不存在财政供养困扰，具备合并条件。

建议如下：两所学校招生范围有所不同，合并有一定难度，短期内可以考虑先打通隔墙，合并学校名称，保留大石中心小学名称，取消大石小学名称；合并学校管理机构，节约教育管理资源。长期来看，可以实现彻底的合并。

（二）关于地铁三号线大石站 A 出口周边临时用地的建议

大石地铁站 A 出口附近的空地闲置近十年，现在部分地块变成周边人群的小菜地，有的地块杂草丛生，造成土地资源浪费。该空置地块分布在群贤路南北两翼，经向有关部门了解，已经收归区

土地储备,短期内无使用规划。大石地铁站 A 出口是大石二十余万居民地铁出行的主要通道,很多市民乘单车或摩托来坐地铁,并把车子停放在群贤路的人行通道,阻碍了人行通道的使用。该地块杂草丛生又挨近城中村大山村,夜间易成为犯罪分子藏身作案之地,实属安全隐患。

我们建议,因短期内未有建设计划,与其闲置,不如临时进行简易改造,日后需用该地块做建设项目时再恢复其应有的土地功能。建议将土地进行简单的地表平整,种上树木,地面铺上草地砖,用作市民停放自行车或摩托车的场地;也可建一个临时公园,为周边居民提供休闲散步的场所,发挥其价值,服务周边群众。

（三）关于关闭 105 国道番禺大石牌坊路段马路护栏的建议

105 国道横穿番禺区,大石大桥到南大路口是车流量很大的路段,马路东侧是大石家私城,西侧是沿街商铺,人流车流非常大。大石家私城后侧有富庭华园、富庭东园、今日丽舍、新月明珠等小区,还有大山村,居住总人口数万计,西侧则分布了东联村等城中村,村民人口众多。现在 105 国道(自北向南)在经大石大桥后的马路中间设置了水泥防护栏,经过朝阳路口后继续南行至大石牌坊前路段,有 105 国道与大涌路的十字路口,方便机动车向左转入大涌路、向右转入大石牌坊。我们认为这一路口的设置不合理。马路东西两侧有大量人流横穿 105 国道,使原来修建在此十字路口下方的地下隧道变成摆设。居民横穿马路存在安全隐患。该路口对机动车分流的意义不大,南行需转入大石牌坊的车辆可以到达牌坊路段直接右转,南行需转入大涌路的车辆可以行至大石桥后的第一个路口即朝阳路口左转。北行需转入大涌路的车辆可以直接转入,需转入大石牌坊的车辆可以向前一个路口即朝阳路口掉头行驶。取消该路口可以极大提高车辆通行速度,解决司机等红绿灯、顾及行人安全的问题。该路口取消,人行地下隧道可以发挥作用,让居民养成过马路走隧道的习惯。往年重大活动时该路口曾经封堵过，效果很好。沿线两侧居民急盼能够尽快落实该方案。

现建议取消这个路口，直接用金属护栏堵上，同时取消该路口红绿灯。

（四）关于加快推进广州南站银行进驻工作的意见

今年出行，本人发现广州南站的自动存取款机数量太少，据南站工作人员介绍，目前南站仅一楼有一台柜员机，而且不易找到。乘客需要存取款时，很不方便。建议增加银行机构，包括营业厅、柜员机。

（五）关于加强大石建华路综合治理的建议（获 13 届区政协优秀提案）

大石是番禺北部重镇，也是番禺区最邻近广州市中心区的镇街之一，这里大约有数十万的常住和流动人口，相当于一个大一点的县城的城区人口。这里密集分布着星河湾、富丽家园、丽水湾、锦绣银湾等知名楼盘，大部分居民白天在中心城区工作、晚上回来居住，因此市民意识和消费习惯与市区居民最为接近。2010 年亚运会以来，大石的城市建设迈上一个很大的台阶，特别是主干道的建设，更美、更宽、更通畅的道路展现在市民面前，政府的城市建设主导作用得到充分发挥，并赢得市民广泛好评。

搞好内街建设，我们认为丝毫不比主干道建设意义逊色，因为内街建设更加贴近群众切身利益，更加关乎民生。在此，经过多次走访相关政府部门，综合群众意见，建议进一步加大建华路整治改造力度。

衔接大石地铁站至大石中心区域的建华路，南起大石地铁站所在的群贤路，北到大石主干道朝阳路，南北长达数公里，是大石人口最集中的位置之一。这里具有浓重的商业气息和很旺的人气，特别是前年建华路到朝阳路的丁字路口的打通，让原本中断的建华路重新恢复生机，极大地方便了周边市民，同时为建华路的发展注入了一剂强心针。我们认为，建华路完全可以定位为番禺北片最具品牌价值的一条步行街。

建华路仍存在美中不足的地方。一是建华路仍是断头路。建华路向南至群贤路路口后变成了断头路，从大石城建部门处了解，建华路曾经规划向南可以经过今日丽舍这一楼盘的后方直通到南大路。后因与今日丽舍开发商协商未果而搁置至今。我们认为，开发商应该舍弃小的利益，为了公共利益作出必要的让步。建华路向北与朝阳路口贯通延长至丽水湾附近后，直接带来了今天建华路的繁荣，引进了人人乐超市，打造了建华路主题商圈"建华汇商圈"，极大地带动了周边的繁荣。如果向南可以贯通至南大路，则建华路将彻底盘活，焕发旺盛的生命力。二是车辆乱停乱放严重。建华路早期的车辆停放规则是车子斜着停到马路中间绿化带旁，占用马路面积较大。去年开始大石街大山村对建华路喷涂了停车位，要求车辆一律靠马路两边停放并停到停车位内，情况有所好转。现因建华路东发美食街的兴旺，饭市时间车辆太多，又有很多车辆停到马路中间的绿化带位置，以致双向四车道的马路变成了双向两车道，经常交通堵塞。三是建华路的高压线影响市容。建华路有高压线穿过，影响市容。此路本是黄金路，市政不该拖后腿。四是建华路中间绿化带的树木树形不美观，已无保留必要。建华路中间的绿化带过宽，占用马路位置大，而且植物枝叶伸展到马路上，几乎占据了马路五分之一的位置，影响驾驶员视线且很不美观。五是加强建华路餐饮小店的管理。建华路上的富庭东园小区沿街有近十家餐饮小吃店，油烟和噪音让楼上住户受到困扰。每到午晚饭用餐时，因小吃店面积小，桌子放不下，又会把桌子摆到马路上,影响居民通行和市容市貌。六是市政公共服务单位少。过去一年,建华路已经增加了工行和农信的柜员机,但显然不够。七是统一建华路灯光建设,点亮夜色大石。建华路的夜色没有特色,美丽的大石必须有绚丽多彩的建华路步行街夜景来点缀。八是公交站点仍需优化。建华路必胜客西餐厅附近已经设立了公交站点,这仅是镇内公交线路的停靠站。现在的情况是,所有通往市中心或市桥城区的公交均在 105 国道停靠,而国道两侧并无多少居民居住。大量的居民住在建华路附近,他们每天都要步行三公里左右才能走到国道的公交站乘车。

建议交警部门加强交通执法,每月拿出几天时间进行整治,改观这一现象。路面铺设到地下,这样暂时会产生较大费用,但对建华路的长期发展很有帮助。拆除绿化带,在马路中间喷涂双实线,让马路变得宽敞。工商部门取缔餐饮小吃店的工商执照,还周边居民以安宁。建华路应该以高档步行街为规划目标,如果脏乱差的小吃店太多,会让这条路失去应有的价值。增加其他金融机构以及邮局、移动联通电信等公共服务机构的营业厅,便利周边市民。同时希望政府能够引进正规公司统一设计建华路的灯光,提升路的形象,并调整若干条通往市中心或市桥城区的公交,使其在建华路公交站停靠,方便群众出行。

（六）关于完善广州南站交通及通信配套服务的意见

经过今年出行,本人发现广州南站交通及通信的配套设施不够完善,如果可以改进,将极大地方便市民出行。一是广州南站没有 IC 卡公共电话亭,乘客打电话不方便;二是公交线路网不成熟,公交接驳线路数量偏少,尤其是通往市中心及市桥方向的公交车偏少;三是存在黑出租拉客现象,乱收费,宰客现象时有发生。

建议增加 IC 卡公共电话亭,并请专家详细规划南站公交线路网,还需加强违规出租车的整治。

（七）关于完善广州南站旅客用餐及购物配套服务的意见

经过今年的几次出行，本人发现广州南站旅客用餐及购物的配套设施不够完善，快餐连锁店太少，且没有便利店、品牌专卖店。如果可以改进，将极大地方便市民出行。

便利店是必须有的，至于品牌专卖店本人觉得也是有必要的。南站作为广州的一张美丽的名片，全世界无数游客纷沓而至，设立有品位的商品展示区，有益于提高南站档次和品位，让南站不再仅仅是乘客匆匆而过的一个通道。

建议尽快让快餐、西餐连锁经营机构进驻南站。借鉴国内的白云机场候机楼商铺模式，繁荣经济，方便旅客。

（八）关于在 105 国道番禺洛溪大新商务广场段设掉头位的建议

105 国道番禺洛溪大新商务广场段位于广州市番禺区大石大桥往洛溪大桥方向北侧，由于洛溪大桥实行年票制度，大量的番禺车辆要走 105 国道经大石大桥、洛溪大桥进入市区，这是番禺车辆通往市区的主要干道之一。众所周知，洛溪大桥车流量过大，经常发生交通事故、车辆故障、天气不佳等引起的塞车。经常发生经番禺大石北上经大石大桥进入市区的车流从大石大桥北侧下桥位一直向北塞到洛溪大桥南侧，而且车辆从大石大桥北行进入该塞车路段后，进不能进退不能退，从而导致更大的拥堵。

建议在大石大桥北侧洛溪大新商务广场路段设立掉头位和信号灯位，方便车辆掉头。这样做的好处是，当洛溪大桥南侧发生大规模塞车时，大石大桥北侧的车辆可以及时掉头选择新光快速或华南快速干线行驶，避免了塞车状况的加重。

同时，从市区经洛溪大桥进入番禺的车辆在经洛溪大桥后，需进入洛溪岛的，可以直接从大新商务广场路段的掉头位掉头，无需从大石大桥北侧桥底掉头位掉头,提高了通行效率。

（九）加强番禺大石城市建设,建设市民公园

番禺大石的市民公园、休闲广场严重不足。大石楼盘众多,不乏大型社区。楼盘开发商为了方便本楼盘居民,会在小区内建设一定数量的公共设施,如图书馆、会所、游泳池、绿地、公园、健身设施。早期政府出让土地时未能预留更多市政用地,导致现在除大型楼盘居民外,单体楼居民、小型居民区居民、城中村村民没有可以休闲的地方。以大石建华路两侧居民为例,儿童没有可以玩耍的地方,不得不天天到天和超市、人人乐超市里面玩耍。现有公园规模小无法发挥应有作用。大石市民广场位于大石的珠江边,面积偏小甚至不如大型小区内的绿地大,可以说大石缺乏真正的市民广场。在大石的城中村改造中,相信会考虑到这些问题,而在大范围的改造前,可以考虑优化现有的绿地,以及利用闲置地块改造公园。政府已经在大石地铁站 A 出口周边规划市民公园,这是大石人民的一大福祉。

朝阳东路转入爱华路路口有一个小的三角公园,因公园小,绿化不美观,整体布局不精致,所以很少有人停步。建议升级改造,在植物栽培、景观设计上予以改进。建华路富庭东园路段至大石家私城 E 座之间有一个篮球场,建议把该篮球场改建为市民健身场,在场地内设置健身器材,地面铺设鹅卵石,摆放乒乓球台。如果这个公园和健身场地可以建设好,则大石富庭社区和富丽社区数万居民休闲时间可以有个好去处。

二 | 广州市番禺区政协十三届二次会议提案

（一）编制大石城区公园建设规划,逐步实现十分钟见公园

的建议

由于历史原因,现在大石辖区可以用来建设公园、绿地的市政功能用地极为紧缺。除了大型居民小区开发商在建设时预留了绿地、小公园供内部业主使用之外,小型居民区及单体楼住户因开发商无法提供这方面的条件而面临着出门无绿地、公园的境地。还市民一片公园绿地是重要的民生工程。

建议由大石街道办事处牵头,区规划、国土部门配合,编制五年期的大石公园建设规划,研究如何在现有条件下逐步解决这一难题,进而实现市民出家门口步行十分钟可见公园。

大石大桥东南侧的原富丽客运站用地至今已经闲置五年以上,政府可以考虑将该地块收归国有并建设江滨市民公园,以满足大石沿江路周边居民的休闲娱乐需求。

朝阳东路靠近大石电信局附近中国银行原办公楼建设用地至今已经闲置五年以上,政府可以考虑将该地块收归国有并建设市民公园,以满足朝阳东路周边居民的休闲娱乐需求。

在日后城中村改造时,预留充足的公园、绿地地块,为居民的长期利益做打算。

（二）关于成立大石建华路步行街管理办公室的建议

番禺区大石街建华路为广州市规划市政道路,是大石街横跨南北的主要道路之一。目前大石政府已把该路段定位为集合旅游、休闲、娱乐、文化等服务行业的商业区,将该地区打造成为具有大石街城市化特色的"建华汇商圈"。在当地政府的努力下,近期建华汇商圈已经形成规模,提升品质成为眼下的工作任务。

在广州市番禺区政协十二届六次政协会议上,民进番禺区总支部提出了《关于加强大石建华路综合治理的建议》的政协第4号提案,该提案得到了区城管局、食品药品监督管理局、交通局、公安分局、环境保护局、大石街道办事处、工商行政管理分局七个职能部门的答复,体现了政府部门对该路段发展的高度关注。其中有职能部门在答复中建议参照市桥繁华路步行街管理办法,成立建华路步行街管理办公室,统筹建华路所有改造项目。

我们认为,目前建华路位居大石商业中心,符合大石城区东移的发展方向,未来必然成为大石城区的商业核心地段。为了加强该路段的综合治理,为日后发展打好基础,很有必要成立建华路步行街管理办公室。

建议在大石街道办事处下设建华路步行街管理办公室,由区政府各职能部门驻大石地区分支机构、街道办事处、大山村的负责人组成,统筹处理步行街发展中遇到的招商引资、发展定位、基础设施建设、社区文化建设等事项。

(三)关于促成番禺区与省冶金工业学校资源共享的建议

广东省冶金工业学校是广东省劳动厅及广东省冶金集团合办的省属中专学校、省重点职业技术学校。该学校位于番禺区大石街,目前该校在校生 1000 人,学校设计规模 2700 人,生源不足。在招生方面希望得到区教育部门如下支持:学校资料编入番禺区高中考试报考指南;为该校面向学校驻地的番禺大石地区的中学招生提供政策支持,方便学生就近入学。建议番禺区教育部门在今后工作中,适当关注我区的非区属学校,在招生方面给予一定扶持。

另外,该校占地三十余亩,有篮球场若干个,标准跑道一个。大石富庭社区、富丽社区及大山村位于该校周边,该区域居民人口密度大,极度缺乏公共体育运动场所。当前,学校招生困难,学校周边的大石居民公共性体育运动场所缺乏。经提案人与学校负责人交流,学校乐意在周末把运动场所、设施向社会有偿开放。建议大石街道尽快与其联系。学校亦制订学校设施开放规则,服务于民。

（四）关于改善用工环境、解决招工难题的建议

目前番禺区招工难的状况，主要体现在以下方面。

1. 招工难，难在部分传统型行业

目前，招工难主要存在于服务业、加工制造业和建筑业等传统型行业。在服务业中，招工难多集中于餐饮业、物管、家政服务行业；在加工制造业中，招工难多集中在家电、机械装备、制衣、织造、制鞋等行业。另外，存在招工难的企业往往具有规模小、生产效率低、技术含量低、劳动力密集等特点。

2. 招工难，难在招高级技工

经调研，我们发现春节后普工不算难招，高级技工缺口最大，成为最抢手的资源。主要是因为很多加工制造业企业转型升级后，机械转向半自动化、自动化，相应的操作技能要求提高，高级技工需求相应增强。

3. 招工难，难在企业对外省进城务工人员吸引力减弱

随着西部大开发的推进，以往的渝、川、桂等进城务工人员大省也产生了很大的需求，在工资、社会保障等方面没有绝对优势的情况下，越来越多的进城务工人员选择了留在家门口打工，近年屡屡发生珠三角企业到西部省份招工时招不到工人的现象。

招工难直接影响企业的发展。加工制造企业在业务上往往存在淡旺季，淡季时工人可以勉强维持生产需要，而旺季时招不到工人，只能聘用价格更高的临时工，增加了成本，降低了企业竞争力，制约了企业发展。据了解，春节后我区存在部分企业因招工不足而推迟开工的现象。

建议从以下五个方面入手，缓解招工难题。一是招工企业应创新招聘模式。与其年后企业集中在一个时段争抢劳动力资源，不如改在春节前进行招聘，反季节招聘模式已经被部分企业验证

过效果不错,把招聘会从传统的招聘市场转移到外来工居住区、汽车站等该类人员密集区域,事实证明,成效明显。二是建议政府与企业共同关注外来工。住房问题与外来工的归属感紧紧相扣,很多外来工不喜欢漂泊在外,如果可以解决住房问题,则能留住人。已经有企业提出做满四年的员工可以从公司申请 12 万元～15 万元的免息贷款,做满 15 年的员工就不用偿还贷款的策略,值得推广。建议政府鼓励企业提高住房公积金缴纳比例,现行的是 3%～5%,政策允许最高可以达到 12%。三是外来工在番禺工作,子女教育与房子问题同样关系着切身利益。建议政府在我区的用工规模较大的镇规划建设外来工子弟学校,或者引导民间资本投资,政府在税收等政策上给予倾斜,扶持民办外来工子弟学校。四是加大企业内的文体医疗设施投入。达到一定规模的企业可以考虑增设文体设备、卫生室,为员工提供基本的娱乐、医疗服务。四是企业在利润二次分配时向工资部分倾斜,鼓励企业建立年金制度。五是协助员工制订职业规划,提供进修培训机会。现在的外来工多数为 80 后、90 后,往往具有中专以上学历,存在技术上的进修需求。如果企业可以协助他们进行职业规划,提供必要的进修机会,能够提高企业的吸引力。

目前在人力市场上,熟手工人比较多见,而高级技工紧缺。为了给我区企业提供更多训练有素的技术工人,建议加大对我区区属职业技术学校的办学投入。同时与设立于我区的广东省冶金技工学校建立友好合作关系,让该校培养的人才为我区所用。同时加强企业内部成本控制,提倡精细化管理。将生产设备升级换代,提高生产效率。通过上述措施降低企业成本,冲抵工资成本上升的不利影响。挖掘省内欠发达地区的进城务工人员资源,他们离家相对近,稳定性更强。并将上述地区合作为定点输出劳动力地区后,开展对口培训和招工,从源头上解决企业招工难的问题。

（五）关于简化我区法院民商事案件立案手续的建议

目前,我区法院立案庭受理民商事案件时,如被告为法人,均要求提供被告方的组织机构代码证和工商档案材料以证明被告的主体合法性。当事人在打官司时需要去工商局和技术监督局打印上述两份材料,增加了诉讼的时间成本和费用成本。笔者就该事项调研北京市朝阳区人民法院立案庭时,发现北京市朝阳区人民法院受理案件时,为了方便打官司的群众,要求原告提供在本地工商局及中国组织机构代码网站上打印的被告信息即可,不需要再办理上述部门的盖章手续。

建议区法院就立案手续进行简化,为当事人打官司提供方便,允许原告以区工商局及中国组织机构代码网站打印的材料作为证明被告主体的材料。目前全国组织机构代码管理中心已经开通官方网站,法院可以直接告诉当事人在此网站打印被告的组织机构代码信息。建议我区工商行政管理部门网上开放企业基本信息查询平台,为当事人依法维权提供便利。

（六）关于妥善处理大石家居市场的货车停放扰民问题的建议

番禺大石家私城在为大石及周边居民提供家具用品及带动本地经济发展上曾做出重要贡献。随着地铁三号线的开通,大石居住环境改善,越来越多的市民在大石安家落户,大石已经成为番禺的现代化居住区之一,家私市场已经不适合在住宅密度很大的大石中心城区存在,家私城更应该建设在城市的远郊而非闹市区。尤其是近期大石的家私市场行业呈现出盲目扩张发展的态势,瑞琪、红树湾等大型家私市场以南大路为中心逐一落成,让大石成为番禺北部的家居集散地,其发展对本地居民的居住造成困扰:越来越多的家私城送货货车停放在大石的大街小巷(建华路、群贤路等)、大石地铁站出口周边,高峰时达到几百台,严重堵塞了城市交通,影响城市美观,更造成了安全隐患。

建议国土规划部门、消防部门在行使行政许可权时考虑大石地区家私市场的上述影响并引导这些市场分期搬离大石中心城区。对长期受货车停放困扰的辖区路面划定停车标线和禁止货车停放标志。建议交警部门严格处罚违反规定乱停乱放的货车。

(七)关于完善大石富庭东园小区出口道路标线的建议

番禺区大石街富庭东园小区目前居住着五百多户、两千余名业主,小区内部车位容纳量约 110 台。该小区目前仅一个出口通道(锦盈街),长度 30 米左右,宽度为 15 米左右,设有双向两车道,小区机动车和行人均由该通道出入。随着建华路商圈的日益繁华,越来越多的机动车经过该小区门前的建华路,给小区居民出行带来安全隐患。同时,小区门口北侧的朋鼎棋牌店生意较好,客人经常停车在小区仅 30 米长的出口通道(锦盈街),严重影响了小区居民出行。另外,锦盈街是断头路,如果里面的楼房发生火灾,消防车是无法进入的。2011 年,经多方协商,小区管理处在出口通道设立了禁止停车的告示牌,起到了一定效果,但非长久之计。

建议在建华路路面铺设减速带,以提醒过往车辆注意小区出入居民、车辆。可以在富庭东园出入口、建华路与大涌路交叉路口、东发食街路口处铺设减速带。并在富庭东园出入口通道(锦盈街)设立禁停立柱,提醒车辆不得在此停放,并加强交警部门执法。

(八)关于加快异地新建大石人民医院步伐的建议

大石、洛浦两街位于番禺区北片地区,是广州市"南拓"战略的"桥头堡"。两街辖区面积约 45 平方公里,下辖 23 个行政村,9 个居委会。在区委、区政府正确领导下,两街经济飞速发展,人口急剧增长,常住和流动人口总数约 50 万人。

目前,北片地区有 2 个非营利性医院(大石人民医院、武警医院番禺分院),2 个社区卫生服务中心(大石街社区卫生服务中心、洛浦街社区卫生服务中心),4 个社区卫生服务站(大石街河村社区卫生服务站、大石街会江社区卫生服务站、洛浦街洛溪新城社区卫生服务站、洛浦街沙溪社区卫生服务站),40 个村级卫生站,医务人员共有 613 人,承担着北片地区约 50 万人口的医疗及预防保健任务。

番禺区大石人民医院基本情况如下。根据广州市番禺区的城市规划要求,大石镇于 2006 年 1 月份撤镇设街,分为大石街和洛浦街。大石人民医院本部地处大石街,是大石、洛浦两街辖区内唯一一家一级甲等医院,也是一家非营利性医疗机构,长期承担着大石、洛浦两街辖区内预防、医疗、保健、康复、健康教育、计划生育技术服务的重要任务。医院占地面积 6127 平方米,总建筑面积 24855 平方米,业务用房总面积 20000 平方米,开放病床数 200 张。2011 年门急诊人次为 685250 人,住院人次为 9837 人,救护车出诊数全番禺前三位。

武警医院番禺分院基本情况如下:武警医院番禺分院是非营利性医疗机构,配置卫生技术人员共 100 人,其中高级职称 8 人,中级职称 25 人,初级职称 45 人。2011 年门急诊人次约 152 925 人,住院人次约 3860 人。

随着广州的南拓战略实施及地铁口的开通和新火车站的落成,北片人口与经济大大增长,群众的卫生保健需求与日俱增。目前,北片地区现设的医疗机构能力十分薄弱,缺乏一个有规模的综合性医院。大石人民医院地处大石街旧城区内,占地仅 6127 平方米,业务用房严重不足,每日门诊 2 000 多人次,住院 150 人次,群众看病十分拥挤,远远不能满足人民群众的医疗需求。尤其是华南板块数十万"番禺新移民"就医难的呼声越来越强烈,该问题成为媒体及群众关注的热点问题。2009年8月,《新快报》以"番禺新移民生活难题,奔波回省城无奈为睇病"为专题做了系列报道。为此,2009年8月18日广州电视台《沟通无界限行风大家谈》节目中,番禺区领导表示,番禺正在推进三家大医院的建设,其中一家是正在动工建设的妇幼保健医院,一家是设在大石街的省疾控中心,还有一家是异地新建的大石人民医院。2011年11月番禺区政府答复政协委员呼吁解决的民生问题提案,已将新大石医院建设列为建设工程,切实解决华南板块居民的就医难问题。在区政府及有关职能部门的大力支持下,项目已取得建设用地规划许可证、土地许可证,现正整理资料进行图纸设计招标工作。

目前新建大石人民医院用地已完善相关手续。建议由政府牵头,多方协同,落实资金,按公立二级甲等医院标准建设,加快新大石人民医院项目建设的步伐,尽快完成项目建设。希望它能为北片医院、社区卫生服务中心提供技术指导,承担疑难病例的双向转诊任务,以满足人民群众的就医需求。

（九）关于以镇街文化广场为场地定期举办公益性礼仪讲座的建议

随着番禺区经济的快速发展,人民群众物质生活水平逐年提高,人们对精神生活水平的要求越来越高。多年来,我市坚持参加争创全国文明城市活动,并已成功取得这一荣誉。众所周知,市民素质的提升,并非一朝一夕的事情。目前番禺区各镇街都有文化广场,这些广场平时为百姓娱乐所用,节假日、重大活动日时为政府部门使用,成为政府服务市民的平台。特别是今年春节期间,各镇街的文艺演出精彩纷呈,极大地丰富了群众的精神生活。

中国是礼仪之邦,日常生活中经常看到身边的人不懂礼仪,想学习又找不到渠道,如果以各镇街文化广场为平台,定期组织此类讲座,将受到广大群众的欢迎。

建议由区妇联牵头,选聘社会评价较好的礼仪公司,签订合作协议,礼仪公司组织免费巡回讲座,政府帮助他们提升企业知名度,满足了其拓展潜在业务的需求,属于双赢的合作。建议以月为单位,每月选定一个镇街举办免费讲座,镇街负责解决场地、音响及基本的演讲设备。

（十）关于在大石地铁站附近安装自行车锁闭装置的建议

广州地铁 3 号线大石站开通以来,极大地方便了大石地区十余万居民的出行,加强了番禺与广州市中心城区的联系。大石站与大石各小区的距离超过 1 公里而小于 5 公里,开汽车浪费资源,走路又比较辛苦,这让周边的居民颇感纠结。

建议由大石街办筹集资金,在大石地铁站 A 出口外的群贤路路缘石上安装自行车锁闭装置,方便骑自行车来坐地铁的市民停放自行车。结合现状,建议首期可以安装 100 台自行车的锁闭装置。目前地铁 2 号线南浦站已经有类似装置投放,效果很好。号召周边居民响应政府号召,采取低碳环保的出行方式,尽量少开汽车,多骑自行车来乘坐地铁。上述举措,还将为大石街道的畅通快捷、环境保护做出贡献。

（十一）关于在我区设立广州市车辆年票购票点的建议

目前,广州市实行路桥通行年票制度,在我区上牌的车辆通行洛溪大桥等桥梁隧道时需要出示年票或交纳单次的通行费。购买车辆年票为居住在番禺的市民出入中心城区提供了实惠价格和便利通行。目前番禺区没有征收网点,居民如需购买路桥通行费年票,则需要到中心城区的十三个征收网点办理,给广大番禺车主带来不便。

建议我区市政园林管理部门与广州车辆年票的管理部门沟通,争取年内在番禺市桥、洛溪两个镇街设立征收网点,为广大车主提供便利。

（十二）关于在 CCTV 投放我区形象宣传片的建议

目前，在我国，中央电视台观众收视率一直排在首位，很多城市都选择在央视投放城市形象宣传片，提高了城市在国内、国际的知名度。在央视投放城市宣传片主要有以下三个好处。一是提高番禺作为广州新城区在国内、国际的知名度，扩大城市的社会影响力。二是配合番禺企业的营销工作，为番禺的品牌、企业、产品走向全国、全球提供城市背景营销策略上的支持。例如，我区的知名企业锐丰音响公司已经成为我国音响行业的一流企业，在国内占有很高的市场份额。若在央视打造番禺城市名片，城市形象营销与知名企业业务营销相结合，既可以让观众通过知名企业知晓番禺，又可以让观众通过了解番禺加深对番禺知名企业的认知，达到互相推动的效果。三是番禺旅游资源丰富，气候宜人，又是亚运会场馆所在地，在央视投放广告进行城市形象营销，将会加深国内游客对番禺的了解，使番禺成为国内游客过冬的备选地。

建议由区委宣传部牵头，区旅游局、工商联协助，与中央电视台联系，以"广州番禺，亚运主场，星海故乡"为主题拍摄反映番禺水乡风光、城市建设、工业发展、宜业宜居的宣传片并在黄金时间投放。

（十三）关注番禺区律师行业发展，培育知名律师品牌的建议

近年来，番禺区律师行业在区司法局的领导下，取得了长足的发展，为番禺的经济建设做出了重要贡献。为了更好地促进番禺区律师行业的发展，需要关注以下四个方面的问题。一是番禺区的律师业务集中于传统型民事业务，在知识产权、IPO 业务、并购重组等业务领域没有知名的律师所。二是番禺区的律师事务所规

模普遍较小,小所多为三到五名执业律师,稍大点的所多为二十多名律师,目前没有超过五十人规模的中、大型事务所。三是律师行业一般选址在高档写字楼,这也是律师所赢得大项目、重要客户投标的重要条件。番禺区律师所分散于市桥老城区的沿街铺面,番禺区没有相对集中的写字楼商务区。四是番禺区律师在律师行业的自律组织——省市律师协会中参与度不够高,只有极少数律师在协会中担任委员职务,工作委员会及专业委员会的负责人鲜有番禺的律师。

建议制订番禺律师发展规划纲要,为未来五年番禺律师业的发展制订一个纲领性文件。由区司法局主导推动中小律师所的整合,鼓励强强联合,促成一家百人所的成立,实现规模效应。鼓励番禺律师事务所委派律师参加业务进修,对积极培养律师从事高端业务的律师所给予奖励及税收上的优惠。由司法局牵头到北京、上海一流的律师所招商,支持他们在广州番禺设立分所。这样可以实现对本土律师所的帮传带,快速提升区域性的律师业发展。每两到三年评选一次番禺区十大优秀律师事务所品牌及优秀律师,树立行业发展的榜样和标杆。

（十四）加大公共体育设施建设,推动全民健身的建议

通过举办亚运会,番禺区已形成浓厚的全民健身运动氛围。我们应利用好这一有利条件,动员广大群众参与全民健身活动。为了更好地做好此项工作,应增加公共体育设施,满足人民群众日益增长的体育运动需求。

建议加大资金和人力资源的投入,发挥体育彩票公益金的优势,购置全民健身器材。以住户超过300户的居民小区为中心建设公共健身活动场地,并配备必要的健身器械,为居民提供在家门口运动的有利条件。加强体育设施的管理,公共体育设施三分靠维修、七分靠保养,必须加强维护,要明确设施对外开放时间,完善

管理制度,确保使用规范化、制度化。加大宣传教育力度,通过宣传板报、小区告示栏等各种方式宣传群众体育,增强全区市民的科学健身意识。扶持和鼓励健身行业发展,对各类健身场馆的投资事项要优先审批,让民办健身场馆成为公共体育设施的补充。建议在社区居民中挑选义务体育指导员,为居民的健身提供正确的指导。可组织专家团队讲座,组织体育教师、体育系统的相关人员和行业协会的专业人员等进行现场指导。

三 | 广州市番禺区政协十三届三次会议提案

(一)关于镇街城管中队建立灵活工作时间机制应对流动商贩的建议

流动商贩给城市管理带来无数困扰。无论是路边小巷还是天桥隧道,流动商贩几乎处处可见,他们挤压了依法纳税经营的合法商户的生存空间,销售没有质量保证的商品,对市民的食品安全构成隐患,影响了城市形象,干扰了市民正常生活秩序。按照规定,城管部门负责城市市容景观、环境卫生的管理工作。经了解,目前番禺区该方面的工作由镇街城管中队负责。以番禺区大石街城管中队为例,城管队员的工作时间为工作日的白天,休息时间为工作日的晚上和周末,而这个时间段正是流动商贩出摊最严重的时段。

建议组建城管中队夜巡队,加大夜间整治力度。实行值班制度,科学搭配执法人员的作息时间。建立长效机制,对违反城市管理的行为常抓不懈。

(二)促进番禺律师业发展的三大举措

目前,番禺区律师从业人数、律师所规模等方面的发展与番禺区的经济发展不相称。这主要体现在律师所普遍规模较小,没有一家律师所执业律师超过 50 人,在一些重大项目招标时未达到门槛;缺少有名气的律师,当事人需要律师时多数到中心城区的律师所聘请;业务领域陈旧,集中于婚姻、劳动等传统民事业务,从事知识产权、并购上市、金融业务的律师少。

建议充分重视律师业发展。在深圳市政协五届四次会议上,关于加快律师行业发展的提案被列为政协一号提案。优质的律师服务可以有效降低企业的法律风险,有利于企业稳健经营,为番禺经济做贡献。随着万博中心、南站商务区的开发建设,建议番禺区律师管理部门主动到北京、上海、香港、广州等地区联系全国优秀律师事务所、司法部部级文明律师所前来番禺开设分所,利用"鲶鱼效应"带动本地律师所发展,同时引导本地律师所向商务区的高档写字楼迁移。加大政府购买法律服务力度,区法制办、国资委都可以聘请律师作为法律顾问,促进双赢发展。鼓励番禺律师积极参加广州市律协各委员会,增强与同行的交流,提升番禺律师在广州律师界的行业地位。

(三)创新社区管理方法,倡导居民自治新模式

城区居民新型自治管理模式有利于减轻政府负担,理顺居委会、物业管理公司和业主之间的关系,让居民成为真正的社区主人。

建议建立楼宇党支部与小区楼长相结合的社区居民自治制度。目前番禺区的多数小区建立了小区楼长制度。如该制度与楼宇党支部制度结合起来将会提高新型城市化管理效能。

将基层党组织设立在楼宇上,让支部党员自动转为党员志愿者,与楼长们共同发挥在化解邻里矛盾、照顾社区老人小孩等方面的作用,让更多的市民实现自我管理、自我服务。

（四）关于建设社区民情议事厅的建议

作为城市管理的毛细血管,社区关系到基层群众的矛盾化解和社会秩序的稳定。在社区中设立民情议事机构,发挥基层党员干部、居民代表、党代表、人大代表、政协委员的作用,对化解人民内部矛盾、促进和谐社会有积极意义。

目前,番禺区镇街居委会、社区已建立一支楼长队伍,在现有楼长里选拔品行良好、做事公道、社会威望高的楼长做居民代表,在社区居委会的组织下,组成居民代表议事会,参与讨论和解决社区管理工作中常见的问题和纠纷。由社区辖区内的各级党代表、人大代表和政协委员组成委员代表议事会,每月在社区中心或居委会坐班,了解和反映社情民意、实施民主监督、化解社会矛盾。居民代表议事会和委员代表议事会以志愿服务为主,镇街为其申请适当补贴,以调动工作积极性,保证议事会制度的长效化。

（五）关于交警、城管部门联合整治大石东发食街、东发肉菜市场周边秩序的建议

番禺区大石街东发食街和东发肉菜市场位于大石天和百货隔壁,富庭华园和富庭东园之间,大石建华路西侧。一年来,到食街吃饭的食客占道停车,肉菜市场周边摆摊卖水果、蔬菜的小贩严重影响了市容环境,交通秩序,建议加大整治力度。

建议大石城管中队设立建华路城管整治小组,加大对东发食街和东发肉菜市场周边小摊贩的整治力度。交警中队在车流量大、路面拥堵时间段加大出警频率,惩处乱停车的车辆,维护该路段的交通秩序。目前部分流动摊贩利用小型货车占道摆卖,建议交警部门和城管部门联合执法、予以查处。

（六）关于推进番禺区数字电视普及工作的建议

番禺区地处珠三角中心位置,距离广州市中心城区近,交通便

利,很多省市领导、国际友人、全球性跨国企业负责人居住在番禺。本人与上述人群接触时,听到他们赞美番禺宜居环境的同时,也对家中无法收看数字电视表示遗憾。

建议尽快启动数字电视入户工作,满足番禺区居民的精神文化生活需求。

(七)关于向番禺区市民赠阅气象知识短信的建议

目前,广大市民知识水平提高,各类极端天气频繁出现,大家对气象变化的关注度日益提高,加强气象知识普及很有必要。过去一年,番禺区科技部门曾向市民发送科普短信,其内容涉及衣、食、住、行、营养保健、疾病防治、农事提醒等和百姓生活息息相关的领域,受到了市民的广泛欢迎。

建议区气象部门参照区科技部门的做法,向通信商购买群发短信服务,定期向番禺区移动通信用户发送气象知识短信,普及气象知识,特别是让市民知道"灰霾"等新的气象特征的识别、应对,有效地防范极端天气给市民带来的恐慌,该举措必将对极端气候时的社会稳定有积极作用。同时这也可以提高市民的综合素质,增强他们的幸福感。

(八)关于严打利用QQ软件揽客卖淫嫖娼的建议

近期,在番禺区市桥等中心城区,通过聊天软件QQ的"查找附近好友"功能进行网络招嫖的新型犯罪现象有上升趋势,因卖淫嫖娼产生纠纷转化为刑事案件或借卖淫对嫖娼人员进行敲诈、抢劫的刑事案件时有发生,严重危害公民的人身安全。

建议公安机关网监部门加大网上监管力度,认真排查招嫖信息来源。依据《中华人民共和国治安管理处罚法》《中华人民共和国刑法》的规定,对触犯治安法规、刑法的违法犯罪人员依法追究行政、刑事责任,并加大法制宣传,教育市民文明上网、洁身自好,与借助网络进行犯罪的行为做斗争。

(九)加大美食节宣传力度,构建番禺大道五星商旅带

2012 年广州国际美食节的成功举办使得番禺区成为广州市民和游客心中的"美食之都",广州国际美食节永久落户番禺区。美食节的确立对构建番禺大道五星商旅带具有极为重要的意义。为让这块金字招牌随着时间推移更加深入人心,应加大宣传力度,借助现代广告营销手段让更多的人了解番禺。

建议加大平面宣传力度。目前,华南快速干线番禺大桥收费站悬挂了广州美食节的广告牌,这一举措让来往番禺的人知道番禺是广州美食节所在地,达到了宣传效果。建议其他的主干道收费站,即洛溪大桥收费站、沙湾大桥收费站也进行同样的广告牌宣传,让更多路经番禺的游客知晓番禺是"美食之都"。建议聘请广州美食节形象大使,这有利于广州美食节的品牌识别形成。品牌识别是一个系统,"品牌形象代言人"是一个直观的、易辨认的"联想物",形象鲜明而独特,这种"联想物"是有形与无形的结合,是区别于其他品牌的重要标志。据了解,北京市朝阳国际美食文化节曾聘请一位具有创新经营理念的餐饮大厨,作为朝阳国际美食体验地和国际美食文化节的形象代言人,取得良好效果,这值得番禺借鉴。

(十)建设廉洁番禺,为新型城市化发展保驾护航

建设廉洁番禺是贯彻中共广州市委走新型城市化发展道路、建设廉洁广州的决定的重要举措。为更好地做好这一工作,结合本人担任广州市纪委人民观察员的工作经验,提出以下几点建议。

建议发挥人民观察员作用。2012 年底,广州市实行市、区两级廉洁广州人民观察员制度,番禺区有 50 名区级人民观察员。应调动人民观察员的工作积极性,发挥其代表性强、接触基层多的优

势,为纪委监察部门提供廉政建设方面的信息或线索,提高纪委监察部门的工作成效。可以从以下三个方面入手:一是对区观察员和在番禺区工作或生活的市观察员登记造册,定期召开座谈会,收集相关信息或线索;二是适时举行纪委监察工作开放日,向人民观察员开放以增进彼此了解、增强信任;三是加大对人民观察员的业务培训力度,让他们懂得怎样更好履职。

建议提高电子监察系统科技含量,加大行政效能监察。不断提高电子监察系统的科技含量,完善电子监察软件系统,实现"既监又察,应监不漏"。改造电子监察室硬件设施,强化实时监控、视频会议、互联互通功能。将电子监察系统拓展到镇街、村居,最大限度地发挥电子监察系统作用。在村居层面重点监察两委换届的廉洁工作。重视对未成年人的廉洁番禺的宣教工作,让廉洁番禺的精髓深入人心。

广州市荔湾区在这方面成绩突出,值得番禺区借鉴。该区在小学、中学、少年宫等都建立了廉洁教育平台,致力于提高廉洁教育在社会上的影响。

(十一)关于区人民法院派出法庭试行预约法官登记表制度的建议

群众在办理诉讼业务时,经常遇到需要与经办法官沟通的情况。如果只有法官的座机号码而没有移动电话,恰逢法官外出、书记员又不在办公室时,容易联系不上而影响办事效率,造成群众不便。

建议番禺区法院借鉴福建省厦门市思明区人民法院派出法庭的先进经验,在法庭大堂墙壁位置悬挂印有业务法官名字的信箱,在信箱上放置预约登记表。当案件当事人遇到法官外出联系不上的情况,可以在登记表上填写预约人、填表时间、联系电话、受约法官、预约法官时间及事由等基本信息。法官外出归来时,即可根据上述信息及时联系来访的案件当事人,提高诉讼效率。

四 | 广州市番禺区政协十三届七次会议提案

(一)关于改进区人民法院立案工作的建议

近年来,番禺区人民法院全心全意为人民服务,成绩斐然,为更好地提高立案工作的效率,建议对立案窗口的工作规范进行调整。

建议取消执行案件、民商事行政案件立案的分类受理制度。群众在排队等候的过程中发现执行案件立案窗口的立案者少,民商事行政案件窗口的立案者多。同是立案庭,有的窗口劳动强度大、案件应接不暇,有的窗口则比较空闲。建议统一各个窗口,法官都可以做执行、民商事行政案件的立案,以实现各窗口的均衡化工作、加快立案效率。增加立案流程的指引标识,在立案庭的显眼位置张贴立案流程图,让不具备法律知识又没有聘请专业律师的办事群众可以快速掌握立案的基础流程,提高办事效率。

(二)关于规范番禺区开锁行业,警方联动为民服务的建议

市民需要开锁时,保障安全非常重要,目前北京、西安、兰州等城市均已经实行警方联动机制,值得番禺区公安部门学习。

建议由区公安机关选定信用好、资质齐全的开锁公司作为联动单位并为具备联动资格的开锁公司员工配发上岗工作证。市民需要开锁服务时,拨打 110 电话,由公安分局指挥中心调度开锁公司上门有偿服务,必要时可以安排派出所民警到场监督。完成开锁后,由开锁公司向指挥中心反馈相关情况,指挥中心与市民确认完成情况。

（三）关于加大区财政投入，满足城乡人民群众健康需求的建议

近年来，番禺区医疗卫生事业取得显著成绩，呈现继续发展态势。为进一步推进番禺区医疗卫生建设，深化医疗卫生体制改革打下坚实基础。但是，医疗卫生发展状况与城乡人民日益增长的医疗需求不相适应，主要表现为以下几方面。一是医疗卫生经费投入不足，与番禺区居民医疗需求的急速增长不相适应。番禺统计年鉴的数据显示，2012 年，区预算内财政收入 118.5 亿元，同比增长 53.5%，预算内支出 138.2 亿元，同比增长 15.6%；卫生事业支出仅 6.5 亿元，只占支出的 4.7%，2013 年和 2014 年的比例更低。二是城市和镇村医疗卫生发展不平衡，政府投入不足，区医院的建设有所改善，但镇村公共医疗卫生基础设施建设仍然滞后，许多镇医院三十年来无变化。业务用房陈旧和不足严重影响医院业务的开展，城乡医疗卫生服务差距大，卫生事业发展难以进入良性循环，城区大医院人满为患，镇医院和社区卫生服务机构却门可罗雀。三是城乡医务人员收入差别大，基层医疗卫生机构难以吸引人才，导致社区卫生服务体系建设发展缓慢，整体服务能力和服务水平不高。这与国家新医改"保基本、强基层、建机制"的精神不符，不利于宜业宜居新番禺的建设。

建议政府积极支持公共卫生事业发展，进一步加大医疗卫生投入，保障对医院在财政保障、技术支持、人才培养和引进、业务用房、设备配置等方面的扶持政策，尤其在基础设施建设、医疗设备更新、信息化建设、社区卫生服务中心药品零加成的政策性补贴等方面给予更大的资金扶持。提高医务人员待遇，提升基层医疗卫生机构综合实力，进一步支持基层医疗机构发展，满足城乡人民群众健康需求。

（四）关于区人民法院审判、执行衔接工作创新的建议

诉讼案件当事人依据生效法律文书向人民法院申请执行时，人民法院会要求当事人提供法律文书生效证明，否则不予受理。当事人为取得法律文书生效证明，需要向人民法院请求开具法律文书生效证明。人民法院也不是随时为当事人开具法律文书生效证明，经常需要当事人等通知，多次往返折腾。因此给当事人增添了不必要的麻烦，个别情况下还会造成当事人申请执行超过期限。

我国法院对诉讼案件是不告不理的原则，但诉讼案件执行环节并没有规定遵照这一原则。建议番禺区人民法院先行先试，创新工作方法，方便人民群众。在查明案件双方当事人均不上诉时，主动向有权申请执行的当事人寄发法律文书生效证明，以体现执法为民的精神。

（五）关于推进番禺区老字号产业转型改革的建议

作为城市近代经济和文化发展的见证人，百年老店、老字号企业肩负着传承城市文化的重担。然而，面对新兴品牌的日益崛起以及外资品牌的不断入侵，绝大多数老字号被无情地湮灭在现代商业的喧嚣之中。老字号应在当今的社会大环境中闯出一条自己特有的发展道路，传承中华文化、擦亮金字招牌。老字号走上振兴之路对于打造当前社会的商业文明、弘扬社会主义核心价值观有深刻的意义。

目前番禺百年老店、老字号面临着以下问题。第一，网点流失严重。老字号以前多居商业黄金地段，因城市改造遭遇拆迁之"痛"。不少老字号被迫隐退到缺少商业氛围的偏僻地段，还有的甚至"拆"而不"迁"，经营网点流失严重。第二，品牌营销手段单一，缺乏整合营销思考。番禺的诸多百年老店、老字号的运作不规范，往往忽视了品种、质量、价格、服务、信誉等要素中个别要素的建设，造成品牌营销的整合性和系统性差。第三，品牌的国际化程

度低。番禺的百年老店、老字号存在的突出问题就是品牌的国际化程度低,与国际上的知名品牌有一定的差距。主要原因是国际知名品牌大多非常重视设计研发和网络营销,能够快速适应市场的变化;而番禺的许多百年老店恰好相反,过度重视生产环节,忽视设计研发和营销环节,对市场变化反应缓慢。第四,品牌营销缺乏系统性和长远性。番禺许多百年老店、老字号的运作缺乏战略思维,缺乏长远规划和系统性。

建议百年老店、老字号树立科学的营销思维。百年老店、老字号企业应开辟新的销售渠道,并辅之以广告等各种营销方式以在新市场上扩大现有产品的销售。百年老店和百年品牌的建设,应推广和宣传自身资源和特色,以建立和升级为区域性、全国性甚至国际性的强势品牌为目标。如北京百年老字号同仁堂在2005年前建立了100家连锁店,同时对这些连锁店实施信息化管理,根据信息系统提供的连锁店需求总量制订生产计划,此举既实现了企业的快速扩张,又提升了品牌形象。利用现代信息网络资源开展营销活动。网络营销不仅不受时空限制,能24小时提供全球性营销服务;而且能图文并茂、全方位地展示商品的原型。此外,网络储存与传递信息的数量和准确度,远远超过其他媒体,同时,网络营销能适应市场的需求变化,及时更新产品。网络营销的交易成本约为传统营销成本的1/10,可以降低企业的营销成本。网络营销战略的优势还在于企业可以将产品说明、顾客意见、广告、公共关系、顾客服务等各种营销活动整合在一起,进行一对一的双向沟通,真正达到营销组合所追求的综合效果。基于网络营销的众多优势,必须依托网络这个现代化的有效工具开展营销活动,如建立门户网站、实施电子商务。

建议加强对产品质量、技术、包装、外观、形式和服务等产品本身各个要素的改进以及各要素的组合运用。加大研发力量和提高科技水平,不断改进和提高其自身的质量,以质量兴市,争取在同行业中处于领先水准。在确保产品质量的前提下,突出百年老店、老字号的经营特色和独特资源,通过对品牌赋予相应的款式设计和合理、创新的包装,凸显百年老店和百年品牌的非凡魅力和个性。再者,要加大经营服务的力度,确保产品售前、售中和售后服务的及时跟进。

建议政府加大扶持力度。建立番禺本土百年老字号企业目录,通过筛选划定政府扶持企业的范围。商业流通政府主管部门与番禺区大型商场对接,鼓励商场对番禺老字号入驻商场并以租金折让形式进行扶持,政府对商场的租金损失适当补贴,可确定扶持期限为三年,三年后租金恢复正常。商业流通政府主管部门与番禺区大型商场定期走访入驻商场的老字号,提供科学管理的必要指导。条件成熟时可以选取一家知名度较高的商场,选择一个楼层打造番禺老字号一条街,外地游客到这里可以一站式享受具有番禺特色的老字号购物体验。

（六）关于区人民法院提供便民服务的建议

近年来,番禺区人民法院全心全意为人民服务,成绩斐然,为更好地服务办事群众,建议增加一些便民措施。

建议在立案庭设立咨询窗口。来法院办理诉讼业务的群众需要咨询时,往往在取号时咨询立案法官,耽误法官和其他群众的时间;若设立咨询窗口,且窗口的法官对立案问题的回答与立案法官保持一致,则可以及时解决群众的需求。区人民法院诉讼费的收费是现金形式,部分没有事先准备的群众缴费不便,可以增设 POS 机。收费人员是银行员工,下午四点多就离开了,群众千辛万苦排队能够立案了,若被告知要第二天才可以缴费,会引起群众不满,应将收取诉讼费用的时间与工作时间保持一致。大厅查询机系统里的资料都是与办事的群众无关的信息,应将法院案件公开的信息及时录入查询机系统,比如案号、经办法官、案件审理情况,以便群众查阅。办事的群众在准备案件时,难免会遗漏部分材料,可以在大厅提供打印、复印服务,即使有偿服务,对群众来说,也比大老远跑到法院外面要方便。

五 | 广州市番禺区政协十三届八次会议提案

(一)关于广州大学城综合治理的建议

近一年来,大学城进出车辆成倍增加,官洲隧道经常塞车。大量社会车辆经过官洲隧道进入大学城,然后经外环东路去往长洲岛或新化快速路,大学城外环东路已经成为番禺去往市区的交通枢纽。外环东路和中环路之间正是中山大学、广东外语外贸大学、广州中医药大学的教学区和运动场,大学城已经建成十多年了,由于车辆数量猛增,大型车辆高密度过境大学城,目前中环路面、外环路面都破损严重,增加了交通事故发生的概率。大货车、大客车以及各种车辆大量增加,官洲隧道两头常常堵塞,喇叭声此起彼伏。外环东路星汇文翰教师小区和道路两旁的噪音,高达 120 分贝,平均达 85 分贝,打破了大学城应有的宁静。大学城夜间"飙车一族"比较活跃,跑车、摩托车噪音污染大。近年来,大学城内闲杂人员和过境车辆都在大量增加,城中村小旅馆比较多,社会治安方面的恶性案件时有发生。

大学城设有科学馆、岭南印象园等旅游景点,因而成为一个旅游热门地。许多市民利用休息日去大学城游玩甚至在外环东路和中心湖地区搭帐篷。每到周末,大学城人多车多,车辆随意转弯掉头,险象环生。大学城的定位本来是教学科研场所,各校师生需要一个安全、安静的环境。建议政府明确大学城的城市功能定位,不宜过度开发大学城。

在交通方面,应限制社会外来车辆借道过境大学城,大量的外来车辆严重干扰了大学城的宁静,也造成了相应的事故隐患。借道过境大学城的车辆越多,人员越复杂,治安案件就会越多,会对师生心理造成不良影响。借道大学城外环去长洲岛的车占了很大比例,建议另行开通一条长洲岛至广州市区的市政路,这样进出长洲岛的车辆就不需要绕道大学城。由于外环道路上车辆车速高达80 千米／时～100 千米／时,建议大学城外环道路启用限速监控,全大学城限速 60 千米／时,沿途教师小区、教职工学生宿舍和居民小区 500 米范围内限速 40 千米／时,要严格执行该项规定,处罚超速车辆。建议官洲隧道增加一个大学城内的出口,即将官洲隧道延长 3 千米～5 千米,将另外一个出口设在内环,有效减少从外环经中环到内环大学城内路面的车流量。如果该隧道能与将来的新造隧道大学城入口相贯通,就能切实缓解地面交通状况,否则将来新造隧道贯通,大学城内的交通状况不堪设想。对现有交通管制措施进行适当修改,打开仓头隧道出来转向中环路的出口,合理分流,科学规划线路,减少能源消耗。应尽快开通南沙港快速在雅居乐剑桥郡的高速出口,减轻新造轮渡的交通压力。将外环的红绿灯改为自助红绿灯,外环设置红绿灯,大型货车、重型特种车辆通过时,刹车和启动产生巨大的噪音,且外环的行人少,经常一天里仅两三个人过马路,全天开红绿灯,浪费能源。

在生活服务类配套设施完善方面,建议充分利用高校体育场地供岛民锻炼。建议改善大学城的贝岗肉菜市场卫生及环境,让师生能吃到新鲜卫生的食材。建议在大学城中心湖公园与省中医院之间增设停车位。周末或就医高峰期车位不足,车辆乱停乱放。每所大学在外环路上几乎都有对应的公园,可惜都荒废了,而且无任何配套,应充分利用起来。原来的慢跑径已坑坑洼洼,学生们都在内环公路上夜跑,人车抢道问题非常突出,建议加强路面维护。

在治安管理方面,加强岛内巡逻,打击摩托车和黑车,以及夜间在外环和中环上肆意飙车的人员、车辆,加强城中村的无证小旅馆的安全治理。

建议明确大学城的教育功能,在交通规划、城市建设等方面侧重于功能的维护,以免走偏。

六 | 广州市番禺区政协十四届二次会议提案

(一)校地合作齐抓共管,建设美丽广州大学城(获十四届区政协优秀提案、区委书记督办 1 号提案)

广州大学城在交通方面存在以下问题:一是大学城中环的功能定位不够清晰,大学城已投入使用十多年,交通功能更重要还是教学区与生活区的枢纽功能更重要应再论证;二是地铁、交通枢纽至各高校的公共交通接驳线路及车辆不足;三是官洲隧道交通拥堵现象较为严重,居民对从隧道进大学城后左转出中环的出口设置应开通还是关闭尚有不同意见;四是大学城部分主要道路老化严重,目前老旧损毁的道路超过 4000 平方米;五是大学城的停车场配置没有科学调配,有的路段一位难求,有的路段又大片闲置。

大学城管委会编制相对少,承担的政府职能责任重大,人员不足。广州大学城在校生多,人才密集,很多学生有利用业余时间服务属地机关、促进当地和谐发展的热情。目前大学生志愿者资源未能成为大学城综合治理的有效补充力量。

大学城的环境卫生需要加强。部分靠近城中村的地段卫生死角管理不到位,生活垃圾乱扔乱丢现象仍有发生;江边的部分路段杂草丛生、没有路灯;四条城中村的路灯及肉菜市场需改造升级。

现提出以下几点建议。交通方面,建议由大学城管委会、交通部门、交警部门邀请交通研究专家,共同论证广州大学城中环的功能定位。如将中环定位为大学教学区与生活区的接驳区域,可以禁止机动车通行,将中环改为非机动车道,有利于解决师生安全出行问题,也增加了各高校的使用空间。大学城地铁站及交通枢纽与高校的接驳问题,建议管委会与公交部门协商,采用灵活的车辆轮值时间。如寒暑假可以大幅减少轮值车辆,日常上下学高峰时段多些轮值车辆,上课时间减少轮值车辆。建议大学城管委会、区交通局、交警部门对大学城停车场进行调研,重新规划停车场,在人流密集地段增加停车位。建议番禺区安排专项资金对大学城老化道路的标线、路牌灯进行维护。建议大学城管委会认真研究综合治理部门的治安管理宣传、交通引导等工作是否可以吸纳大学生志愿者来协助完成,并将该需求与各大高校沟通,让高校管理层动员学生积极参与大学城的综合治理工作。这支队伍将是大学城综合治理的重要力量。

环境卫生方面,一是需要加强城中村出租屋的环卫保洁工作;二是加快城中村的路灯升级工程和肉菜市场规范化改造工程;三是重视江边部分未整治路段的环卫工作,未能及时实施改造的应设立指示牌,提醒市民注意安全。大学城是广州的一张美丽名片,应由管委会代表政府作为主导,校地联动,做好环境卫生工作。

(二)关于加强番禺区基层派出所队伍建设的建议

警察是番禺区公安机关行政执法、维持治安、保护群众生命财产的主要力量。但是,当前番禺区基层警力严重不足。全区共有警察两千余人,实有常住人口超过 150 万人(不包括流动人口在内),万人配备警察数仅仅 13 人。番禺区刑事案件发案、破案、打击处理违法犯罪嫌疑人等业务实绩突出,民警的任务十分繁重,导致基层民警工作负担重、心理压力大、超时工作多,制约了番禺区公安工作的发展进步。

建议优秀警力下沉到基层。基层要留住人,应在待遇、评优评先等方面向基层民警倾斜,注重从具有基层工作经历的民警中选拔干部,形成基层经济待遇比机关好、提拔机会比机关多、受奖比例比机关高的工作机制。建议充分利用政府购买公共服务制度,雇佣更多的文职人员来承担警察的一些后勤工作,解放更多的警力。建议合理分配各镇街派出所警力,综合考虑实际人口变化情况、社会治安状况、自然地理条件等因素,对于人口众多、流动人口大、面积较大、警情较多的街镇,应加大警力投入。建议精简区局机关内设机构,规范警种职能,将职能重叠的部门合并,富余警力充实到基层一线,推动警力向案件多、任务重的基层倾斜,增强基层的实战能力。明确区内其他行政职能部门的职责,对于非警务警情,应转交给其他行政部门。积极推动建立由各相关政府部门参与的社会应急联动服务机制,推动非警务类求助及时得到科学分流。

七 | 广州市番禺区政协十四届三次会议提案

（一）关于打造万博品牌基金小镇,促进番禺金融业发展工作的建议（获十四届区政协优秀调研报告）

万博基金小镇是番禺区加快实施金融创新驱动战略的重大平台。经调研了解,自 2016 年 3 月万博基金小镇授牌以来,番禺区出台了多项扶持奖励政策。目前已注册落户多家各类投资基金企业,万博金融板块初具规模。万博基金小镇的建设将极大地改变番禺区的金融生态环境,有助于区域经济转型升级和企业提质增效。但调研也发现,万博基金小镇在快速发展的同时,存在缺乏行业交流平台、金融管理部门力量薄弱、金融人才短缺、行业协会监管力度不够等问题。

　　针对上述问题,我们提出以下建议。第一,建立万博基金小镇金融"超市"。金融"超市"鼓励投资基金、商业银行、证券公司、律师事务所等金融机构或配套服务机构参与。该活动以万博基金小镇的名义进行,每期由上述机构的其中一家发起,邀请上述机构以及有融资需求的企业参与。各相关机构可实现点对点、面对面的"零距离"对接,减少中间环节。建议金融"超市"场所由番禺信投公司装修后提供,并参考节能科技园与区科技金融促进中心的合作模式,为活动发起机构免除或减少租金。番禺信投公司为金融"超市"投入的费用以向区政府申请补贴的方式解决,由区财政予以支持。第二,加快将万博基金小镇打造为番禺金融高端人才创新创业聚集区。建议区人力资源和社会保障局充分利用好广州大学城人才集中的优势,依托 2017 年 12 月 17 日成立的智汇谷人才联盟,建立广州大学城金融人才库,助力万博基金小镇金融高端人才的引进和培育,打造金融高端人才创新创业聚集区。第三,加强金融管理部门及人才配置。经调研了解,区发改局下设金融科,配置行政编制二名、自聘合同工一名,承担推进万博基金小镇建设、引导基金、企业上市、区内金融机构协调、金融数据统计、金融风险防范等大量工作,人员处于超负荷状态。与南沙、越秀、花都等兄弟区相比,番禺区金融工作部门力量薄弱,尤其是在国家和省、市加强金融风险防控、引导金融机构服务实体经济的大背景下,今后万博基金小镇投资基金招商引资、项目服务对接、金融风险防控等任务会越来越重。对此,建议区政府高度重视番禺区金融管理部门的人才配置问题,可借鉴兄弟区的做法,配备一定数量的政府雇员,进一步充实金融管理部门的力量。第四,充分发挥番禺区金融协会的作用。番禺区金融协会由区中小企业投融资促进会更名而来。目前已发展会员单位 68 个,涵盖区内大部分商业银行以及部分证券公司、保险公司、投资基金、上市企业,是番禺区名副其实的金融大家庭。它在服务政府、服务企业、搭建政银企合作平台、解决企业融资等方面发挥着重要的作用。建议由区发展和改革局进一步引导,鼓励和支持万博基金小镇内的投资基金公司加入区金融协会,接受协会的行业管理;加强对区金融协会的业务指导,引导区金融协会搬迁至万博基金小镇,切实做好万博基金小镇投资基金的行业监管及服务工作,防范非法集资等金融风险,促进万博基金小镇健康持续发展。第五,培育标杆企业,设立万博基金小镇风云榜,以基金公司本年度在行业内获得的奖项为评价标准进行评选。这可以充分调动基金公司创业的积极性,帮助其扩大影响力。第六,建议宣传推广万博基金小镇品牌,让拥有雄厚资金的行业外(无基金行业背景的)企业家多关注小镇上的基金公司,引导他们把资金投向小镇上的基金公司。万博基金小镇的很多证券类基金公司如能遇到合适的资金方,对其做大做强可以起到事半功倍的效果。第七,由区级国资部门代表区政府设立独立的"基金小镇引导基金"。当私募基金定向投入番禺区内的企业时,政府给予一定的引导基金,提升基金公司服务于番禺区实体产业的积极性,也强化私募基金公司落户番禺的积极性。

八 | 广州市番禺区政协十四届四次会议提案

(一)进一步加强番禺万博基金小镇建设的建议

经过两年多的发展,2019 年番禺区万博基金小镇已聚集各类投资基金 255 家,实际管理资金 157.72 亿元,成绩有目共睹。同时,因万博商务区整体建设未完工、国内基金行业总体行情差等情况,导致基金管理人实际入驻率不高、活跃度不足的问题。进一步加强小镇建设,让万博基金小镇更好地服务番禺经济建设,是摆在区委、区政府面前的重大现实课题。

建议由区政府牵头,按照社会化、专业化的原则打造万博基金小镇运营管理平台。2019 年,区政府工作报告提出"引导万博基金小镇优势资本投资我区科技创新企业"。在民营企业融资难的情况下,建立运营管理平台,有利于高效地将万博基金小镇的资金流直接导入番禺区科技创新企业,促进区域经济转型升级。同时,在国家越来越重视金融风险防范的背景下,运营管理平台可以通过定期组织基金行业的各类讲座,推动基金公司及时掌握监管动态、依法依规经营。由区金融办牵头,向社会公开招标,确定一家具有专业化背景和实际运营管理经验的运营管理机构来运营统筹基金小镇的日常事务。由区发展改革局、番禺信投与运营管理机构签订三方合作协议,确定各自的权利义务,做到责权明确。由番禺信投公司在粤园国际中心 3 号楼或番禺万达 B2 座三楼为运营管理机构提供办公场所,办公场所应具有路演、展示、办公等功能。在管理平台办公场地,建设一家咖啡厅或餐吧,供基金公司洽谈业务、互相交流使用。应开发一个万博基金小镇网上交流 App,为小镇基金管理人提供线上交流、政策法规学习的线上平台。区财政设立万博基金小镇运营管理专项扶持经费,由区财政承担运营管理平台的物业租金、管理费及水电费,列入区发展改革局年度财政预算,由番禺信投公司按年度实际支出向区发展改革局申请。其余费用(含员工工资福利、办公费用)由运营管理公司自行承担。并制订普惠制的万博基金小镇扶持政策,鼓励更多基金管理人入驻。对股权类、证券类基金管理人一视同仁,都要鼓励入驻。股权类基金公司往往属于资源型经营,人气相对较弱,而证券类基金管理人往往门槛低,且这一类基金公司的数量基数大。建议关注证券类基金管理人的扶持问题,为万博基金小镇造势,人气是小镇振兴的重要一步。

2019 年,在番禺区万博基金小镇办理工商注册的基金管理人有二百多家,但实际经营场地在万博基金小镇的、通过管理人备案的不足一百家。由于市场环境问题,基金管理人为了节约成本,出现注册在番禺但实际经营场所不在番禺的情况。建议对实际经营场所在万博基金小镇的公司给予租金补贴,租金补贴是普惠性的,不设立过高的门槛。对实际经营场所在万博基金小镇且完成中基协管理人备案资格的,另外给予 3 万元～ 5 万元的补贴。期望此政策可以带动更多优质基金企业进驻万博基金小镇。由区金融办牵头,实地走访在番禺注册的基金管理人企业,鼓励未实际入驻的企业早日入驻。再者就是加快建设万博基金小镇投资基金大厦。由万博商务区建设指挥部牵头,加快推进奥园国际中心 3 号楼的消防、水电、交通、物业管理、租金评估、周边环境整治等配套工作,基金大厦项目完成后将给番禺区基金业发展带来重大利好。

九 | 广州市番禺区政协十四届五次会议提案

(一)加快番禺区立体智能停车楼建设,改善市民停车难问题

番禺区停车位紧张主要表现在:全区 68 条道路共设置咪表车位 4536 个;在册的停车场 148 个,车位共 85 943 个;上述两类车位累计不足十万个,而全区机动车远超十万辆。供需的矛盾导致市民乱停乱放违章行为频发,仅 2019 年一年,番禺区路面警力处理违停执法超二十万宗,日均执法约 670 宗。为了尽快解决市民出行痛点,体现区委区政府关注民生,为民服务,建议加快推进立体智能停车楼建设。

建议用好用活地方性法规。《广州市停车场条例》第 18 条规定,对社会力量投资建设公共停车场的,可以给予适当的资金支

持。在番禺区大力推广立体停车,鼓励社会资本参与投资智能立体停车场建设,解决政府资金投入有限的难题。增加公共停车场的建设土地供给,支持城市停车场建设。建议推动番禺城区沿线村居建设立体智能停车楼。番禺区市莲路等市政道路的辅道为沿线村庄的村道,随着村民汽车保有量递增,停车压力较大,因辅道停车不属于交警执法范围,长期以来乱停乱放现象严重,间接影响了主干道的通行效率。在市莲路沿线村居建设立体智能停车楼,有利于缓解辅道的停车压力,也有利于加快主干道的通行效率。建议在大型的老旧居民区试点建设综合性大型立体智能停车楼,如在番禺区怡乐园等居民区建设集停车、洗车、充电于一体的全功能立体式机械智能停车楼,为社区居民服务;在星海公园、大夫山公园等市民出行较集中的公共活动场所周边建立立体停车楼,解决游客停车难题;在番禺广场、万博中心等地标位置建设示范性立体智能停车场,带动番禺区全面推广立体智能停车场建设,进一步解决市民停车难问题。